La Révolution Wikipédia

Pierre Gourdain Florence O'Kelly
Béatrice Roman-Amat Delphine Soulas
Tassilo von Droste zu Hülshoff

La Révolution Wikipédia

Les encyclopédies vont-elles mourir ?

Préface de Pierre Assouline

MILLE ET UNE NUITS

Remerciements

Nous tenons tout d'abord à remercier Pierre Assouline, qui nous a donné la chance de mener une telle enquête sur plusieurs mois. Tout au long de notre travail, il nous a encouragés. Grâce à lui, nous avons pu mener ce projet de bout en bout.

Merci également à la direction de Sciences-Po, à la direction de l'École de journalisme. Merci de nous avoir fait confiance et de nous avoir soutenus dans les moments difficiles.

Merci à Sandrine Palussière, Alexandrine Duhin et Sophie Burdet pour leur patience.

Un grand merci enfin à toutes les personnes qui nous ont aidés à faire cette enquête.

Cet ouvrage est à l'origine une enquête journalistique réalisée dans le cadre du master de l'« École de journalisme » de l'Institut d'études politiques de Paris, durant l'été 2007.

ISBN : 978-2-75550-051-6

Et ça passe pour une source...

Préface
par Pierre Assouline

« Mais comment faisiez-vous avant ? »

Cela fait un an que je rumine cette question posée par un étudiant du master de journalisme de Sciences-Po à l'issue d'un débat de deux heures qui m'avait opposé à l'ensemble de ses camarades. Ayant constaté que les étudiants de première année, forts de leur mention « Bien » ou « Très bien » au baccalauréat, se servaient avec beaucoup de naturel de Wikipédia comme d'une source, j'avais invité ceux qui achevaient leurs études à davantage de circonspection, de sens critique et de rigueur intellectuelle. En vain, je le reconnais. Nous n'étions pas parvenus à nous persuader. L'échange, vif mais édifiant, aurait pu durer plus longtemps encore, n'eût été cette réflexion qui me cloua à ma chaise : « Mais comment faisiez-vous avant ? » Avant Wikipédia, bien entendu.

Le simple fait que des étudiants de cette qualité et de cette ambition n'aient pas idée de ce que pouvait être la recherche documentaire avant l'invention de l'encyclopédie en ligne signe déjà notre échec. N'ayons pas peur des grands mots : il porte en lui la défaite de certaines valeurs. Comment dire les choses autrement quand nos futures élites n'imaginent même pas qu'un journaliste aille chercher et vérifier ses informations à la source, qu'un historien écume les bibliothèques pour se reporter aux témoignages et aux analyses de l'époque, qu'un chercheur fasse le tri dans une bibliographie afin de hiérarchiser ses références, de la plus fiable à la plus contestable ?

C'est pourtant bien de cela qu'il s'agit, et c'est cet esprit que Wikipédia tue tout doucement.

Voilà qui promet de beaux jours à nos étudiants adeptes du copier-coller, et des séances de corrections édifiantes à leurs professeurs. La question des sources est à la base de toute recherche, qu'elle soit historique, scientifique, journalistique ; or, Wikipédia dilue tant la source qu'elle l'élude. On ne saurait trop le répéter : dans le domaine des idées, et en particulier en histoire, l'esprit de la référence a intrinsèquement partie liée avec la durée et non avec l'éphémère. Sur Wikipédia, la référence est à géométrie variable : le dernier qui a parlé a raison, jusqu'au prochain. Il est plus facile d'y comprendre l'avenir que le passé car celui-ci ne cesse de changer.

Et ça passe pour une source ?

Il suffit de se reporter aux sujets que l'on croit bien connaître pour en être édifié. Par curiosité, j'ai consulté la notice consacrée au grand reporter Albert Londres. Elle débutait par ces mots : « *Journaliste juif français...* » Il est déjà assez étrange de présenter un tel homme par sa religion ; ça l'est plus encore lorsqu'on sait qu'il était en réalité tout ce qu'il y a de plus catholique, du côté paternel comme du côté maternel. Voyons au bas de la notice quelle peut être la source d'un tel bobard. Il y en a trois, dont une seule est disponible : « Pierre Assouline, *Albert Londres. Vie et mort d'un grand reporter*, Balland, 1989. » Dire que j'y expliquais justement que, après avoir écrit *Le Juif errant est arrivé*, à son retour de Palestine, Londres fut victime d'une campagne d'intoxication visant à le discréditer en le faisant passer pour juif... Cette mention est restée en ligne des mois avant d'être finalement dénoncée. Pour ramasser d'autres exemples, il suffit de se baisser. Pendant des mois, la longue notice biographique concernant l'écrivain russe Alexandre Soljenitsyne était composée pour moitié d'une analyse de ses rapports avec l'Espagne ; il se trouve que le wikipédien [1] à l'origine de ce texte ne pardonne pas à l'écrivain russe d'avoir un jour émis une déclaration jugée favorable au général Franco. Imagine-t-on en librairie une biographie de l'auteur de *L'Archipel du Goulag* dont trois cents pages sur six cents seraient consacrées à ses vues sur l'Espagne ?

Ce n'est pas l'exception mais la règle, et cela devrait déjà signer la faillite intellectuelle du projet Wikipédia. Aucun sens des hiérarchies ni des proportions. Aussitôt dénoncé, aussitôt corrigé, naturellement. Mais, durant les quelques semaines ou les quelques mois que l'énormité est restée en ligne sous un label encyclopédique digne de confiance aux yeux de centaines de milliers d'internautes, elle aura eu le temps de faire des dégâts, puisque reprise comme une information digne de foi.

Les conséquences d'un processus aussi rapide sont limitées lorsqu'il s'agit de sujets aussi anodins que la biographie de l'auteur de cette préface : les étudiants de Sciences-Po ayant introduit ma qualité (fantasmée) de champion de France de jeu de paume, quelle ne fut pas ma surprise au cours de l'été 2007 de la retrouver mentionnée à la fin de ma notice biographique dans le très sérieux programme du festival de musique classique de Verbier

1. Nom que se donnent les collaborateurs réguliers de Wikipédia.

(Valais) où je prononçais une conférence... Les répercussions sont évidemment tout autres lorsqu'on fait croire que Tony Blair est catholique alors qu'il est anglican, ou lorsque toute « nouvelle star » élue par les téléspectateurs est assurée d'avoir une biographie deux fois plus longue que celle de Jacques Delors. Cela dit, le pire vandalisme n'est pas celui qu'on croit. Ce qui peut arriver de plus accablant dans Wikipédia, ce n'est pas qu'elle diffuse un article intentionnellement truffé d'erreurs, c'est d'y publier un texte d'une rigueur absolue et de le voir se déliter tous les jours sous la plume d'experts autoproclamés qui ne s'autorisent que d'eux-mêmes. On n'imagine pas leurs rangs se clairsemer tant ils sont encouragés par la *vox populi* ; on peut même craindre que, par narcissisme, elle ne succombe à ce « culte de l'amateur [1] » qui lui renvoie par effet de miroir la meilleure image dont elle puisse rêver.

Mais à quoi bon dénoncer les contre-vérités charriées quotidiennement par Wikipédia puisque, de toute façon, elles sont supprimées à l'instant même de leur dénonciation publique. Comme si elles étaient nulles et non avenues, alors que, pour être restées en ligne trois jours, trois semaines ou

1. Andrew Keen, *The Cult of the Amateur. How today's Internet is killing our culture and assaulting our economy*, Doubleday, New York, 2007.

trois mois, elles ont largement eu le temps de faire des dégâts en étant reprises et citées comme sources. Est-il besoin de rappeler que tout auteur digne de ce titre, et un encyclopédiste plus encore, pèse chacun de ses mots avant d'en user, car ce qui est imprimé est gravé dans le marbre. Une grave erreur publiquement dénoncée, assortie d'une menace de procès, et c'est le livre qu'il faut faire revenir des librairies à grands frais pour en faire caviarder un paragraphe ou en arracher une page, à défaut de le faire pilonner.

Sur la Toile, la faute et le remords sont permanents. Ils avancent en couple. Son péché est pardonné d'avance.

Cette encyclopédie en ligne est *aussi* l'outil idéal pour la désinformation. Les groupes de pression de toutes obédiences, à commencer par les plus occultes et les plus clandestins (sectes, révisionnistes, négationnistes), l'ont bien compris. Ils en font un usage d'autant plus subtil que l'Internet est encore pour une large part une zone de non-droit. Malgré la sophistication des logiciels de repérage et le principe de précaution qui guide souvent les modérateurs des forums, chats et blogs. Mais il n'y a pas que les lobbies plus ou moins occultes. Partis, hommes politiques, personnalités, institutions, tous s'y mettent, comme l'a révélé Virgil Griffith [1], cet étudiant du California Institute of Technology qui a mis au point un scanner (WikiScanner) permettant d'identifier ceux qui rédigent, corrigent et donc orientent « dans le bon sens » les notices qui leur sont consacrées.

Faut-il le rappeler ? Sur Wikipédia, n'importe qui peut écrire n'importe quoi, et manifestement on ne s'en prive pas. C'est le terrain d'exercice idéal pour les professionnels de la manipulation de l'opinion, lesquels sont parfaitement étrangers au désintéressement qui anime les wikipédiens ordinaires. Des procédures de contrôle existent, mais elles ne sont ni omniprésentes ni omniscientes. Parfois, c'est à désespérer des contrôleurs. Ainsi, après qu'une campagne eut été lancée pour dénoncer la bibliographie de l'article accompagnant l'affaire Dreyfus (aucune hiérarchie parmi les ouvrages, le premier livre cité en référence était un vieil ouvrage de propagande monarchiste voulant prouver à tout prix que Dreyfus était coupable), les modérateurs en ont tenu compte. À leur manière. Non en rejetant ce livre, comme l'eût fait tout historien digne de ce nom, mais en le laissant en tête de la liste assorti de la mention entre parenthèses « Ouvrage

1. John Borland, « *See who's editing Wikipedia-Diebold, the CIA, a campaign* », in *Wired*, 14 août 2007.

controversé ». Comme si la culpabilité de Dreyfus prêtait encore à discussion en 2007, sinon dans certaines feuilles d'extrême droite et sur Internet !

Reconnaissons que Wikipédia rend des services pour les recherches mineures, secondaires et ponctuelles ; pour le chercheur, c'est pratique et rapide. Elle est généralement fiable pour ce qui touche aux sciences exactes et à la technique, et aux domaines qui ne prêtent guère à controverse (botanique, zoologie, mathématiques, physique...), hors le cercle académique des professionnels de la question ; il s'en trouve pourtant parmi eux pour objecter que dans leur discipline *aussi* le wikipédisme fait des ravages. Mais dès que l'on touche à ces sujets sensibles tels que l'histoire, les sciences humaines, l'évolution de l'homme ou la politique, le grand doute s'installe : les notices biographiques ne sont qu'une suite de dates et d'événements exposés sèchement et chronologiquement selon le dogme illusoire de la « neutralité du point de vue » ; les sources ne sont pas hiérarchisées ; il n'y a ni analyse ni synthèse ; et, quoi qu'on en dise, il se dégage immanquablement de ce magma d'informations des jugements hautement contestables. Encore convient-il de préciser ce que Wikipédia entend par « neutralité » : exposé de différents points de vue sur un sujet en ayant pris soin de les identifier clairement. À l'épreuve, on s'aperçoit alors que « neutre » n'est pas synonyme d'« objectif », mais de « consensuel ». L'outil Wikipédia est *aussi* hautement politique. Il est fondé sur une utopie philosophique fort bien adaptée à nos temps de démocratie participative selon laquelle la vérité jaillirait nécessairement de l'accumulation des connaissances citoyennes, et non de la confrontation d'expertises.

Avec tout ce qu'il charrie de contre-vérités, le site devrait normalement s'exposer à plusieurs procès par jour. Ce n'est pas le cas pour deux raisons : d'abord parce que, le droit de réponse étant instantané, la tache peut être nettoyée dans l'instant ; ensuite parce que, contrairement à une idée reçue, nombre de sociétés et d'entreprises n'ont pas encore pris la mesure des effets de l'Internet ; certaines baissent les bras quand d'autres n'ont toujours pas arrêté leur stratégie de communication en dehors des médias traditionnels, alors que les dégâts sont désormais plus importants en ligne que sur papier étant donné l'impact immédiat et international de l'Internet. Nombre de grandes sociétés ont un réflexe encore archaïque vis-à-vis de l'information qui circule sur la Toile ; elles sous-estiment son influence ; ce qui n'est pas dans le journal ou ne passe pas à la télévision n'existe pas à leurs yeux ; leurs dirigeants n'ont toujours pas pris la mesure de la *visibilité* de Wikipédia, pourtant remarquablement référencée dans les moteurs de recherche, en raison notamment du nombre considérable de liens qui conduisent à elle.

On sait qu'en Suisse, par exemple, Nestlé s'est longtemps battu sur le terrain de la presse écrite et devant les tribunaux afin de se défendre contre les activistes qui l'accusaient de promouvoir le lait en poudre pour les nourrissons dans les pays en voie de développement ; or, la multinationale ne les poursuit pas lorsqu'ils agissent en ligne : « Nous avons essayé une fois de rectifier une inexactitude. Cela a provoqué un tel tollé que nous y avons renoncé. Son mode de fonctionnement fait de Wikipédia une tribune idéale pour ces idéologues. Nous nous sommes refusés à entamer une guéguerre du contenu contre eux [1] », a avoué François-Xavier Perroud, responsable de la communication de Nestlé. Mieux encore, toujours en Suisse et à la même époque, du côté de Bâle cette fois : le laboratoire pharmaceutique Roche ne réagit même pas lorsqu'il est traité par Wikipédia, sans le moindre argument ni la moindre source à l'appui, de « *champion toutes catégories des atteintes au droit de la concurrence* », alors qu'il alerterait ses avocats si un média traditionnel écrivait un article de la

1. Article de Jean-Louis Richard, « Wikipédia embarrasse les firmes suisses », in *Le Temps*, 23 juin 2007.

même encre. Pourquoi ? Parce qu'ils ne savent pas encore comment se comporter. Comme s'il y avait une différence dans l'ordre de la contre-vérité, de la propagande, de l'à-peu-près et de la diffamation entre ce qui est diffusé sur écran et ce qui est imprimé ! Après être restée en ligne pendant quatre mois, la mention a finalement disparu de la notice de Roche à la suite d'un simple coup de téléphone d'un journaliste du *Temps* qui s'en étonnait[1]... Même l'Union des banques suisses (UBS) a choisi de ne pas réagir aux contre-vérités de Wikipédia afin de ne pas glisser un doigt dans l'engrenage : en corriger certaines ne reviendrait-il pas à accréditer officiellement le reste de l'article ?

Au fond, les grandes compagnies qui ne savent pas comment s'y prendre avec l'information en ligne et répugnent à l'attaquer frontalement le cas échéant, révèlent un embarras plus profond : l'Internet leur fait peur.

La violence des réactions à l'article que Frédérique Roussel consacra dans *Libération*[2] à l'étude que vous allez lire dépassa largement la violence qui a cours « normalement » sur la Toile. Eût-on voulu

1. *Ibid.*
2. Frédérique Roussel, « Wikipédia se trompe à tous vents », in *Libération*, 9 juillet 2007.

démontrer que nombre de wikipédiens ont des comportements dignes de membres d'une secte que l'on ne s'y serait pas pris autrement. La pensée unique règne sans partage parmi cette communauté d'internautes, comme j'ai déjà pu m'en rendre compte ces dernières années chaque fois que j'ai eu le malheur de consacrer un article à Wikipédia sur mon blog « La République des livres ». Les représailles furent immédiates, le déchaînement sans surprise, mais non sans excès, la paranoïa y étant encore plus développée que d'ordinaire sur la Toile. Wikipédia est leur chose ; l'offenser revient à les attaquer chacun personnellement ; et l'emballement est si rapide qu'ils amalgament aussitôt, consciemment ou pas, toute critique de Wikipédia à une attaque contre Google en particulier et la Toile en général. Le débat dérape immanquablement sur cette voie-là. Il est vrai que Wikipédia est un parfait reflet du Web.2 dans ce qu'il a de pire et de meilleur. Doit-on préciser de surcroît que Wikipédia a la haine du journalisme ? Écriture, esprit, pratiques, traditions, méthodes, techniques, elle demande à ses contributeurs d'éliminer tout ce sur quoi il repose.

Si l'on condense leurs reproches, qu'y trouve-t-on, une fois bannies les basses insultes et les soupçons puérils d'autopromotion ? *« Wikipédia n'est pas le monstre orwellien que vous décrivez... Tout cela est un reflet de la suffisance des étudiants de Sciences-Po et de la fatuité de leurs professeurs... Il est inadmissible de vandaliser ainsi Wikipédia... Cette étude est pleine de contre-vérités... Wikipédia est fiable si on l'utilise avec discernement... Wikipédia n'est pas parfaite mais a au moins le mérite d'exister... Le partage des connaissances est une révolution... L'Institution Sciences-Po ne supporte pas la gratuité de la connaissance et du savoir... Wikipédia fait sans conteste partie des avancées majeures du* XXIe *siècle... Même si le mode de fonctionnement est loin d'être parfait, il s'améliore à chaque attaque et finira par devenir la référence incontournable scientifique aussi bien qu'historique... Tout le monde sait que Wikipédia n'est pas fiable, mais c'est toujours mieux qu'une encyclopédie payante... Au lieu de la critiquer, vous feriez mieux de l'améliorer... Je me demande comment nous pourrions finir nos exposés la veille sans Wikipédia... De toute façon, livres et journaux sont eux aussi bourrés d'erreurs... Les encyclopédies traditionnelles ne sont que du copier-coller, etc. »*

Airs connus.

Et tout cela, ces avis définitifs et ces condamnations péremptoires, cette focalisation sur un détail (le « vandalisme ») à l'exclusion de l'essentiel (la contre-enquête sur la méthode de *Nature* et la réaction des encyclopédies traditionnelles), à partir du seul compte rendu de *Libération*, donc sans avoir pris connaissance de l'étude elle-même, et pour cause, puisqu'elle n'était pas encore diffusée. Cette attitude révèle déjà à elle seule la distance qui nous sépare du wikipédien absolu. Nous nous refusons, quant à nous, de suivre sa rhétorique, sa logique et son langage ; gardons-nous donc d'employer un bien gros mot (« vandalisme ») pour désigner l'introduction délibérée de trois erreurs dans des notices à seule fin d'illustrer la fragilité du système.

La réaction des responsables de l'encyclopédie en ligne a été tout aussi révélatrice de certaines mentalités sectaires. Il faut dire que l'enquête des étudiants de Sciences-Po survenait à un très mauvais moment pour eux, Wikipédia cherchant alors à diversifier ses sources de financement en tentant d'attirer non des annonceurs (elle s'interdit la publicité), mais des mécènes. On (re)découvrit d'ailleurs à l'occasion que la pornographie du portail Bomis.com appartenant à Jimmy Wales, fondateur de Wikipédia, la finançait [1]...

Dans un premier temps, l'informaticien David Monniaux, l'un de ses administrateurs, supprima l'accès de l'École de journalisme de Sciences-Po à Wikipédia en bloquant l'adresse IP [2] qui l'identifie

1. Amaury de Rochegonde, « Wikipédia recherche des sponsors », in *Stratégies,* n° 1465, 12 juillet 2007.
2. Une adresse IP est un nombre permettant d'identifier un ordinateur ou un serveur connecté à Internet.

sur le réseau ; puis, après débat avec d'autres administrateurs, il la bloqua de manière à autoriser la lecture mais à interdire l'écriture et les modifications, comme c'est le cas dès qu'il y a vandalisme. Accessoirement, le même David Monniaux surveille de près ma propre notice biographique sur Wikipédia, comme l'attestent ses interventions. Pour une raison que j'ignore, il y maintient deux contre-vérités, ce qui fait beaucoup pour un article de quelques lignes : il me croit membre du comité de rédaction des *Inrockuptibles*, alors que je n'y ai jamais mis les pieds ni n'y ai publié un article (sans compter que l'esprit de cet hebdomadaire m'est radicalement étranger) ; et il me promeut « professeur » à Sciences-Po alors que je n'y suis qu'un simple chargé de cours. Se focalisant à dessein sur les trois erreurs sciemment introduites dans le système à seule fin d'illustrer sa fragilité, le même David Monniaux s'est plaint des « dégradations » par nous effectuées sur le site de Wikipédia dans une lettre adressée le 10 juillet 2007 à Richard Descoings, directeur de Sciences-Po ; son en-tête réussissait à mêler l'École polytechnique et l'École normale supérieure autour du sigle du CNRS sans aucune mention de Wikipédia, ce qui était assez gonflé de la part d'un responsable évoquant des poursuites pénales tant vis-à-vis de l'établissement que des étudiants qui se rendraient coupables d'actes aussi répréhensibles.

Il n'a évidemment jamais été dans notre intention de faire interdire Wikipédia, ce brouillon d'encyclopédie, ni même de souhaiter sa disparition ou de nier son statut de « Wikitopie », bien que son projet nous paraisse... utopique. Il en est de cette encyclopédie comme de tous les phénomènes de société enracinés dans les mentalités dès leur naissance : puisque c'est là, on fait avec. Plutôt que d'ignorer l'outil, tâchons de le maîtriser en exerçant notre fonction critique de contre-pouvoir. Même s'il est des essayistes, tel l'Américain Jaron Lanier, pour dénoncer derrière la dimension collectiviste de Wikipédia un avatar du totalitarisme qu'il baptise « maoïsme digital [1] ». Et comme le phénomène est certainement appelé à durer et à se développer tant ses principes (interactivité, rapidité, gratuité, adaptabilité) collent à l'air du temps, on s'en accommode. Ce qui revient, pour ma part, non à le consulter ni à l'utiliser (je ne pointe jamais de lien vers Wikipédia, il faut être cohérent), mais à appeler les internautes croyants et pratiquants à la vigilance et, plus particulièrement parmi eux, les collégiens, les lycéens et les étudiants.

---

1. Tim Adams, « *For your information* », in *The Observer*, 1er juillet 2007.

Telle est la vertu de l'enquête complète, argumentée et équilibrée qu'un groupe d'étudiants du master de journalisme de Sciences-Po a mené sous ma direction durant le second semestre 2007. Il va de soi que Pierre Gourdain, Florence O'Kelly, Béatrice Roman-Amat, Delphine Soulas et Tassilo von Droste zu Hülshoff ont travaillé sereinement sur un terrain miné, en toute indépendance et en pleine liberté de jugement, tant vis-à-vis des wikipédiens que de leur professeur, moins optimiste et indulgent qu'eux sur « l'usage intelligent » qui pourra être fait de Wikipédia dans l'enseignement. Ce qui revient souvent pour eux à essuyer des critiques des deux côtés – mais cette position inconfortable n'est-elle pas la meilleure garantie d'impartialité ? Il faut les prendre comme un compliment adressé à leur enquête.

Une fois mis de côté les observateurs de mauvaise foi, comment les wikipédiens les plus acharnés peuvent-ils sincèrement croire que l'internaute est couramment doté de sens critique ? Qu'il est en moyenne capable de séparer le bon grain de l'ivraie ? Que son jugement est parfaitement aiguisé ? Depuis une trentaine d'années que je publie des articles et que je participe à des émissions de radio, depuis une vingtaine d'années que j'écris des livres, depuis une dizaine d'années que j'enseigne la lecture et l'écriture à Sciences-Po, je suis chaque jour convaincu du contraire. L'esprit critique est l'exception et non la règle. Même les mieux armés se retrouvent parfois désarmés devant Wikipédia, par paresse intellectuelle. L'écrivain britannique Ben Myers a honte de l'avouer, mais il l'avoue quand même, et en public puisque c'est sur son blog : avant, lorsqu'un romancier devait se documenter, il n'hésitait pas à consacrer des mois à la recherche en bibliothèque et à l'enquête sur le terrain ; désormais, quelques clics lui suffisent et le moteur lui apporte des précisions sur un plateau, Wikipédia en tête. Myers le reconnaît : il a renoncé à se rendre dans un petit village de Roumanie où se situe en partie l'intrigue de son prochain roman, car l'Internet a favorisé sa paresse intellectuelle [1]. Ce n'est qu'un exemple parmi d'autres de fainéantisation de l'écrivain par l'algorithme.

Sept millions et demi de pages dans plus de 250 langues, la plus grande encyclopédie au monde, le neuvième site le plus consulté de la Toile internationale, neuf millions de visiteurs par mois rien qu'en France et cinquante aux États-Unis : qui peut rivaliser ? L'encyclopédie collaborative en ligne est aux encyclopédies ce que la démocratie d'opinion est à la démocratie parlementaire. Si l'Internet est

1. Ben Myers, « *Is the Internet killing proper research ?* », in *The Guardian*, 27 juin 2007.

bien la caisse de résonance de toutes les rumeurs, Wikipédia est la subtile chambre d'écho de la désinformation ; les exemples ne manquent pas, il suffit de les glaner sur le site de l'Observatoire de Wikipédia[1] qui se livre régulièrement à un utile travail de décryptage, la promenade est édifiante. Puisque l'esprit de l'époque nous répète avec insistance que tout le monde est écrivain, philosophe, photographe, journaliste, professeur et autres si affinités, on peut donc en conclure que n'importe qui est également encyclopédiste. Or, comment oserait-on critiquer une encyclopédie moderne qui fait le pari de la confiance et de l'autorégulation ? On ne saurait mieux que le projet Wikipédia témoigner de ce que le savoir est l'affaire de tous. Qu'on s'en félicite ou que l'on s'en désole, deux attitudes également vaines, Wikipédia force les encyclopédies traditionnelles à se remettre en question. La révolution numérique les aurait de toute façon obligées à évoluer. La société à venir sera dès demain dominée, davantage encore qu'aujourd'hui, par la gratuité. L'accès libre au réseau proposé par les villes et la gratuité totale des grands sites d'information en est le chevau-léger. À défaut d'abandonner définitivement leur édition papier, *Britannica, Universalis* et les autres encyclopédies devront la considérer

1. Voir http://wikipedia.un.mythe.over-blog.com

comme secondaire et rassembler leurs forces sur leur site. Elles vont devoir réinventer leur propre modèle, tant éditorial qu'économique, afin d'intégrer deux données désormais incontournables (gratuité d'accès, renouvellement permanent du contenu), tout en conservant ce qui a fait leur prestige et leur crédibilité, tant intellectuel que scientique.

La confusion des valeurs ayant le vent en poupe, le « populisme.fr » un boulevard devant lui, la contestation des élites toute une avenue et la démagogie digitale un avenir radieux, nous y sommes presque, à « l'encyclopédie citoyenne » ! Mais à quoi ressembleront les habitants d'un monde où Wikipédia sera devenue l'encyclopédie de référence ? Un grand journal n'a-t-il pas intitulé un article consacré à l'*Encyclopédie* de Diderot et d'Alembert : « La Wikipédia du XVIIIe siècle », au motif que l'une et l'autre ont une dimension collaborative [1] ?

Le jour viendra où, même ceux du monde d'avant ayant renoncé, il n'y aura plus personne pour répondre à la question : « Mais comment faisait-on avant ? »

PIERRE ASSOULINE

---

1. Jacinto Antón, « *La Wikipédia del siglo* XVIII », in *El País,* 16 mars 2007.

1

Le monde de l'éducation ébranlé

Elle est devenue la bête noire d'un certain nombre de professeurs partout dans le monde. Son nom ? Wikipédia. Sa mission ? « Distribuer gratuitement la totalité du savoir mondial à chaque être humain sur notre planète, dans la langue de son choix, sous une licence libre qui permet de le modifier, de l'adapter, de le réutiliser et de le redistribuer à volonté [1]. » Un projet titanesque, dont les adeptes se comptent aujourd'hui par millions.

Six ans après son apparition sur la Toile, le 15 janvier 2001, Wikipédia [2] est devenue l'un des

1. Écrit par le co-fondateur de Wikipédia, Jimmy Wales, dans la revue *Wikimedia Quarto*, numéro de septembre 2004. Voir http://wikimediafoundation.org/wiki/Wikimedia_Quarto/1/Fr-2

2. L'encyclopédie Wikipédia a été créée par la Fondation Wikimédia, une association américaine dont le but est d'encourager le développement et la distribution gratuite de contenus. Voir p. 69, « La nébuleuse Wikimédia ».

sites les plus consultés au monde. Avec plus de quarante-sept millions de visiteurs uniques en juin 2007, c'est aujourd'hui l'un des dix sites les plus visités aux États-Unis, selon la société d'analyse d'audiences ComScore. La France n'est pas en reste. En mai, plus de neuf millions de personnes différentes s'y sont connectées, soit presque un internaute sur trois [1].

Sa force ? Les quelque sept millions d'articles que la désormais célèbre encyclopédie en ligne collaborative met à la disposition des internautes. À elle seule, la version anglaise totalisait plus de 2 millions d'articles à la fin du mois de septembre 2007, suivie de très loin par les versions allemande (644 000 articles) et française (562 000 articles). En tout, Wikipédia existe en 251 langues, du polonais au japonais, du breton au bavarois, sans oublier le lituanien, le latin, le tibétain, l'espéranto et même le choctaw, la langue parlée par une tribu indienne du sud-est des États-Unis.

Pourtant, malgré sa formidable expansion, Wikipédia continue de susciter la controverse. Comment se fier à une encyclopédie dans laquelle tout un chacun peut écrire, qu'il maîtrise ou non le domaine en question ? Quelle crédibilité lui accorder lorsque l'on sait que n'importe qui peut, en deux clics, ajouter des

1. Source : Mediametrie/Netratings.

erreurs aux articles consultés, qu'elles soient volontaires ou non ? Certes, les administrateurs du site veillent, tout comme la multitude d'internautes le fréquentant. C'est ce que nous pourrions appeler l'intelligence collective. « Comme toute expérience se basant sur la liberté, il faut supposer qu'à terme la somme des intérêts individuels ira dans le sens de l'intérêt collectif. En effet, on peut croire [...] qu'il y aura donc toujours quelqu'un pour corriger une information erronée, qu'elle soit volontaire ou non [1] », se justifie Wikipédia. Mais de nombreux exemples tendent à prouver que cela ne suffit pas toujours. Quoi de plus préoccupant lorsque l'on sait que le site occupe une place désormais prépondérante dans le monde de l'éducation ? Quel collégien, quel lycéen et même quel étudiant ne s'est jamais servi de Wikipédia pour ses recherches ? Si peu...

D'autant que le site arrive presque toujours dans les premières réponses du désormais célèbre moteur de recherche Google. Pour Olivier Duffez [2], consultant en référencement, cela tient principalement au fait que les liens renvoyant au contenu de Wikipédia sont nombreux. Il peut s'agir de liens internes, lorsqu'une fiche renvoie à une autre par exemple, ou bien externes, car nombreux sont les internautes

1. Voir http://fr.Wikipedia.org/wiki/Aide:FAQ/lecteurs
2. Entretien avec les auteurs, le 3 mai 2007.

qui renvoient sur le site de la cyber-encyclopédie pour éclaircir une notion. « Il est aussi possible que Google favorise Wikipédia par son algorithme », explique Olivier Duffez. Comme c'est le cas pour les sites officiels, qu'il s'agisse d'une administration publique ou d'une marque, Google peut en effet accorder un « indice de confiance » relativement élevé au site, ce qui lui permet de se classer dans les premiers résultats de Google. « Il est possible que l'indice de confiance de Wikipédia soit même trop élevé », ajoute le créateur de Web Rank Info [1].

Un exposé à faire sur James Dean ? Un devoir à rendre sur *Les Confessions* de Jean-Jacques Rousseau ? Pas de problème, Wikipédia est là. Mais, si certains lycéens ou étudiants utilisent le site intelligemment, beaucoup se contentent de recopier tel quel un paragraphe ou deux. Et, quand nous leur parlons de plagiat, ils roulent souvent les yeux. Imaginez donc leur réaction lorsque nous pointons les erreurs contenues dans l'encyclopédie en ligne !

Antoine [2] est élève de première au lycée de Royan, en Charente-Maritime, l'un des meilleurs de sa classe. Devoirs de français, exposés d'espagnol ou d'anglais, Wikipédia est devenue une de ses princi-

---

1. Voir le site d'informations et de formation au référencement des sites sur le net : www.webrankinfo.com
2. Entretien avec les auteurs, le 29 avril 2007.

pales sources d'information. « Dans mes devoirs, j'utilise souvent des morceaux que je trouve sur Wikipédia », reconnaît le jeune garçon. Mais, trop souvent, il a « la flemme de reformuler ». Et tant pis si d'autres élèves de sa classe ont les mêmes paragraphes introductifs. Quant aux éventuelles erreurs : « Je prie pour qu'il n'y en ait pas. »

Le cas n'est pas isolé, même si, avec l'âge, les élèves et étudiants sont de plus en plus sensibles à la nécessité de multiplier les sources de documentation. Son frère Jérôme[1], étudiant en deuxième année de BTS, utilise également Wikipédia : « C'est souvent le premier endroit où je vais quand j'ai des recherches à faire », explique-t-il. Mais, une fois le site consulté, « j'affine ma recherche avec d'autres sites ». Et les dictionnaires ? « Je n'en ai pas », répond sans problème le jeune homme. Quant à la fiabilité de Wikipédia, il sait que l'encyclopédie est écrite par des inconnus. « Mais ça ne me dérange pas de l'utiliser, car c'est gratuit et c'est bien fait. »

César[2], étudiant en licence d'arts plastiques à l'université de Paris-VIII, se sert également beaucoup de l'encyclopédie dans le cadre de ses études : « J'ai écrit un mémoire sur les troubles de la perception de l'espace. Sa rédaction aurait été impossible

1. Entretien avec les auteurs, le 29 avril 2007.
2. Entretien avec les auteurs, le 25 avril 2007.

sans Wikipédia et toute la richesse que cette encyclopédie collaborative comporte », reconnaît-il.

Mais, pour Mathilde[1], étudiante en quatrième année à l'Université américaine de Paris, Wikipédia doit rester un « outil de base ». Le site lui permet principalement de déterminer les notions à creuser par la suite. « Je me sers aussi beaucoup des références données à la fin de l'article. Ensuite, je vais vers des sources officielles sur Internet et je consulte des livres », raconte la jeune fille. Car, si elle considère l'encyclopédie comme « une super-source d'information » du fait de la multitude des sujets traités, elle s'en méfie.

Les élèves comme Mathilde sont rares dans les universités françaises. Au grand regret de Christine[2], professeur d'anglais à l'université de Rennes-II. « Quand on leur demande de faire des recherches personnelles, on essaie de leur apprendre à garder un regard critique sur ce qu'ils trouvent, mais c'est très difficile », déplore-t-elle. Même à l'université, les étudiants aiment le copier-coller. Alors, quand on est professeur, il faut trouver des astuces. « On essaie de donner des travaux qui ne permettent pas de faire ça. Par exemple, on leur demande d'utiliser un article de presse récent. »

1. Entretien avec les auteurs, en mai 2007.
2. Entretien avec les auteurs, le 30 avril 2007.

Malgré cela, les plagiaires sévissent encore et toujours. Ils copient Wikipédia, ou bien n'importe quel site Internet, du moment qu'il traite de leur sujet. Et puis, il existe des sites sur lesquels il est possible d'acheter des devoirs clé en main. Mais, pour les démasquer, pas besoin de logiciel spécial. « J'écris un morceau du travail de l'étudiant sur Google et je vois s'il y a des réponses », explique Christine.

Selon elle, le principal problème vient du fait que les professeurs sont en retard dans ce domaine par rapport aux élèves. « Beaucoup ne parlent que des problèmes de plagiat et non des erreurs que peut contenir Wikipédia. Mais, surtout, la plupart font comme s'ils ne voyaient rien. » À quoi bon se priver, donc, lorsque l'on est étudiant, puisque les sanctions n'existent pour ainsi dire pas.

Plagiat, utilisation d'informations erronées. Le problème n'est bien évidemment pas propre à la France. Ce sont les systèmes éducatifs de tous les pays occidentaux qui sont affectés par le développement et la généralisation de Wikipédia auprès des élèves. Sans aller jusqu'à interdire d'utiliser Wikipédia comme source de référence dans un devoir, comme l'ont fait certaines universités américaines [1],

1. « *A history department bans citing Wikipedia as a research source* », *The New York Times*, 21 février 2007. Voir www.nytimes.com/2007/02/21/education/21wikipedia.html?ex=1189742400&en=6503bd3caf5d4599&ei=5070

les professeurs ne devraient-ils pas apprendre à leurs élèves à s'en servir intelligemment, à vérifier l'information et bien évidemment à reformuler le tout ? L'encyclopédie en ligne peut en effet tenir une place non négligeable dans le monde de l'éducation, mais à certaines conditions.

Un phénomène qui va bien au-delà

Au-delà du monde de l'éducation, c'est la société tout entière qui est touchée par l'onde de choc Wikipédia. Le site remet en effet en question le quasi-monopole que détenaient jusque-là les encyclopédies et autres dictionnaires sur l'indexation du savoir universel. L'idée pourrait certes être louable si la fiabilité des informations ne s'en trouvait pas altérée. Or, ce n'est pas le cas. L'enquête publiée en 2005 par la revue *Nature*, qui comparait Wikipédia et l'encyclopédie *Britannica* sur quarante-deux articles scientifiques, est, à ce titre, plus que critiquable. Wikipédia n'est pas aussi fiable que *Britannica*, loin de là. Certaines erreurs sont devenues célèbres. D'autres, la grande majorité d'ailleurs, restent de nombreuses semaines en ligne sans attirer la moindre attention. C'est bien là un de ses dangers.

D'autant plus que pour beaucoup Wikipédia est devenue une encyclopédie comme les autres. À cela près qu'il s'agit d'une encyclopédie dont il faut vérifier toute information avant de pouvoir l'utiliser. Mais, de cela, peu de gens parlent. Pendant ce temps, ce sont les encyclopédies, les vraies, qui pâtissent du phénomène. Comment la révolution Wikipédia affecte-t-elle ces encyclopédies ? Quelles marges de manœuvre leur reste-t-il, si tant est qu'il ne soit déjà trop tard ?

Loin de laisser le monde des intellectuels indifférent, le projet n'est pourtant pas accueilli par tous de la même manière. Qu'en pensent-ils ? Wikipédia conduit-elle à un appauvrissement des connaissances disponibles ?

Quoi qu'il en soit, l'encyclopédie collaborative en ligne existe. Elle connaît même un immense succès. On ne la fera pas disparaître, autant apprendre à faire avec. Cependant, du fait de ses failles, il convient de réfléchir à son avenir. Comment faire pour que Wikipédia devienne une encyclopédie de qualité ? Peut-on imaginer par exemple qu'une version validée par des enseignants soit imprimée et distribuée aux élèves des écoles françaises ? Cette réflexion sur l'amélioration de sa qualité, Wikipédia la mène tous les jours. Plusieurs projets sont en cours afin de limiter les erreurs et les actes de vandalisme dans ses pages. Étant donné la place qu'est en train de prendre le site dans notre société, mieux vaut effectivement réfléchir à l'amélioration de sa qualité plutôt que de souhaiter sa disparition.

2

Juger les juges : la vérité sur l'enquête Nature

C'est la référence absolue de tous ceux qui s'emparent du sujet. L'enquête publiée par la célèbre revue britannique *Nature* en décembre 2005 est aujourd'hui citée par tous comme la preuve de la fiabilité de Wikipédia. Jim Wales, l'un de ses deux fondateurs, a vu son vœu exaucé, lui qui rêvait de mettre son encyclopédie au rang des plus prestigieuses. Même les médias français la mentionnent encore aujourd'hui dans presque chaque article consacré à l'encyclopédie en ligne. « La revue scientifique *Nature* a apporté sa caution à l'entreprise en concluant que Wikipédia est une source d'information aussi valable que la vénérable encyclopédie *Britannica* », écrivait *Le Figaro* le 17 janvier 2007 [1]. Une dizaine de jours plus tôt, *Le Monde* rappe-

1. « Wikipédia, encyclopédie sous haute surveillance », par Didier Sanz, *Le Figaro*, 17 janvier 2007. Voir http://www.lefigaro.fr/hightech/20070117.FIG000000183_wikipedia_encyclopedie_sous_haute_surveillance.html

lait encore que « récemment, à l'initiative de la revue *Nature*, des experts ont analysé des documents publiés sur Wikipédia et l'encyclopédie *Britannica*. Les résultats montrent que la qualité des deux sources est assez proche. "Le site Wikipédia est une source d'information aussi valable que la vénérable encyclopédie *Britannica*", précise l'hebdomadaire scientifique [1]. »

Wikipédia aussi fiable que la célèbre encyclopédie *Britannica* ? C'est bien ce que tout le monde a retenu de l'enquête publiée par *Nature*. Et tant pis si cela ne correspond plus vraiment aux conclusions de l'enquête. Pour le coup, même Wikipédia fait mieux : « *Nature* a publié le 14 décembre 2005 une étude comparant quarante-deux articles portant principalement sur les sciences de la version anglaise de Wikipédia à ceux de son homologue, l'*Encyclopædia Britannica*. Les résultats démontraient que le nombre d'erreurs sur des sujets donnés était de trente-deux pour cent plus élevé sur Wikipédia que sur *Britannica* », pouvait-on lire début mai dans la version française de l'encyclopédie contributive [2].

Car jamais *Nature* n'a placé Wikipédia et *Britannica* au même niveau. « Les encyclopédies sur Internet s'affrontent. Wikipédia se rapproche de

1. « Administrateurs, contributeurs et vandales », par Stéphane Foucart et Olivier Zilbertin, *Le Monde*, 3 janvier 2007.
2. Article « *Nature* (journal) », Wikipédia, le 8 mai 2007 à 16 h 06.

Britannica en ce qui concerne l'exactitude de ses articles scientifiques », commence le communiqué de presse publié par *Nature* sur son site le 14 décembre 2005[1]. Sur 42 thèmes étudiés, la revue relève 123 erreurs ou omissions lorsque les articles proviennent de l'encyclopédie *Britannica* et 162 lorsqu'ils sont tirés de Wikipédia. Quantitativement, *Britannica* est donc 24 % plus fiable que Wikipédia sur les 42 thèmes étudiés.

Si les conclusions de l'enquête sont loin de ce qu'on en a retenu par la suite, le revers est tout de même cuisant pour l'encyclopédie *Britannica.* Car, à ce rythme, il ne faudrait à Wikipédia que peu de temps pour l'égaler en termes de fiabilité, du fait notamment de la rapidité à laquelle les erreurs peuvent y être corrigées. Les responsables de *Britannica* craignent pour leur réputation. Il n'y a pourtant pas de quoi. L'enquête réalisée par *Nature* est à bien des égards contestable, et mérite donc d'être prise avec précaution.

Des thèmes peu sujets à controverse

« Hans Bethe », « Éthanol », « L'observatoire royal de Greenwich » ou encore « Dimitri Mendeleïev ».

---

1. « *Internet encyclopaedias go head to head* », *Nature,* 14 décembre 2005. Voir www.nature.com/news/2005/051212/full/438900a.html

Tels sont quelques-uns des 42 thèmes étudiés par *Nature*. La revue dit avoir choisi ces thèmes de façon à couvrir l'ensemble des disciplines scientifiques. « Chaque journaliste qui travaillait sur l'enquête a choisi de 10 à 15 termes scientifiques, liés de près ou de loin à son domaine », précise *Nature* dans un document publié quelques jours après la parution de l'enquête[1]. Une sélection a ensuite été faite afin de ne garder que 50 thèmes, dont les articles publiés par *Britannica* et Wikipédia ont ensuite été envoyés à des universitaires pour vérification. Quarante-deux d'entre eux ont répondu.

Difficile pour une revue scientifique de choisir des thèmes historiques, artistiques, voire philosophiques. Là n'est pas le domaine de *Nature*, et l'enquête n'a jamais prétendu analyser autre chose que 42 articles scientifiques provenant de ces deux encyclopédies. Mais les sujets scientifiques sont aussi ceux où Wikipédia est la meilleure. Beaucoup de ses contributeurs sont en effet passionnés d'informatique, de physique, de biologie ou même de mathématiques. Par ailleurs, de tels sujets attirent moins les non-initiés et les vandales, car ils requiè-

1. « *Supplementary information to accompany Nature news article 'Internet encyclopaedias go head to head'* », *Nature*, 22 décembre 2005. Voir http://www.nature.com/news/2005/051212/exref/supplementary_information.doc

rent peut-être plus que les autres des connaissances solides et pointues.

Ainsi, les articles scientifiques font partie des moins modifiés de l'encyclopédie en ligne ; ils sont donc *a priori* les moins polémiques et ainsi les moins sujets aux erreurs et aux vandales. Parmi les quarante-deux termes choisis par *Nature*, l'article consacré à l'éthanol a été le plus corrigé de Wikipédia. Entre le 1er avril 2006 et le 31 mars 2007, 1257 modifications ont été effectuées sur la version anglaise de l'encyclopédie en ligne, version étudiée par *Nature*. C'est le seul à avoir dépassé la barre des 1 000 modifications durant cette période. Sur les quarante-deux articles, treize seulement ont été modifiés plus de cent fois en un an, six plus de cinq cents fois. C'est peu, comparé à d'autres domaines. Pour ne prendre que quelques exemples, sur la même période, l'article « Costa Rica » a été modifié 1 869 fois dans la version anglaise, « *Joan of Arc* » (Jeanne d'Arc) 1 901 fois, « *human* » 1 808 fois. Les articles « Iraq » et « Al-Qaeda », certes très polémiques, ont pour leur part été modifiés respectivement 2 390 et 2 480 fois en un an. Preuve que les articles étudiés par *Nature* ne sont certainement pas ceux qui contiennent le plus d'erreurs potentielles.

Un formatage compromettant

Comme nous l'avons dit, les journalistes de la revue *Nature* ont choisi des thèmes scientifiques très variés. Mais, pour pouvoir envoyer aux universitaires les articles correspondants, *Nature* a eu recours à des procédés pour le moins contestables. Loin de s'en cacher, la revue explique par exemple que « seuls les articles de même taille dans les deux encyclopédies ont été sélectionnés [1] ». Ainsi, lorsqu'un thème était beaucoup plus développé dans une encyclopédie que dans l'autre, il était écarté de l'étude. À moins que les articles trop longs n'aient été coupés. Une fois de plus, *Nature* l'admet : « Dans un petit nombre de cas, nous avons enlevé du contenu, par exemple des listes de référence, afin de ramener les deux articles à la même longueur à peu près [2]. »

À juste titre, *Britannica* crie au scandale. Dans un document qu'elle publie en guise de réponse à l'étude, l'encyclopédie explique par exemple qu'« un universitaire à qui *Nature* a envoyé des articles a seulement reçu l'introduction de 350 mots d'un article de l'encyclopédie *Britannica* sur les lipides faisant 6 000 mots. Il est absurde de la part de *Nature*

1. *Ibid.*
2. *Ibid.*

d'avoir réduit l'article de *Britannica* à ce court extrait. Cela invalide les conclusions de l'universitaire, qui nous reproche des omissions, puisque ce qui manquait était traité dans la suite de l'article, suite que le correcteur n'a jamais eue sous les yeux [1] ».

Dans le cas d'un article envoyé sous l'appellation « *aldol reaction* » (réaction d'aldolisation), l'encyclopédie *Britannica* accuse même la revue *Nature* d'avoir mêlé deux articles différents et d'avoir rédigé elle-même le texte faisant le lien entre les deux passages. « C'est malhonnête et cela déforme considérablement la manière dont *Britannica* a couvert le sujet [2] », rétorque l'encyclopédie britannique.

De son côté, si elle ne reconnaît ni ne dément avoir écrit quelques phrases elle-même afin de lier deux passages tirés de deux articles différents, la revue *Nature* ne voit rien de choquant à ce patchwork : « C'était intentionnel et nous avons été clair là-dessus dès le début. Dans un petit nombre de cas, le moteur de recherche de *Britannica* donnait deux réponses sur le sujet que nous voulions analyser.

---

1. « *Fatally Flawed. Refuting the recent study on encyclopedic accuracy by the journal* Nature », *Encyclopædia Britannica Inc.*, mars 2006. Voir http://corporate.britannica.com/britannica_nature_response.pdf
2. *Ibid.*

Dans ce cas, nous avons envoyé aux correcteurs l'information pertinente provenant de ces deux réponses [...]. Cela réduisait les chances que l'on reproche injustement à l'encyclopédie d'omettre des détails importants [...]. Nous avons le sentiment que, si une erreur était trouvée, cela importait peu que cela provienne d'un seul article ou de deux [1] », répond *Nature* à *Britannica*. Une réponse un peu légère, considérant la renommée mondiale de la revue.

Des erreurs non vérifiées par *Nature*

Au fond, qui sont ces personnes à qui *Nature* a envoyé les articles des deux encyclopédies ? Si l'immense majorité d'entre elles préfèrent garder l'anonymat – comme c'est d'usage dans ce type d'enquête – *Nature* affirme qu'il s'agit d'« universitaires qui travaillent dans le domaine concerné depuis longtemps et qui sont considérés par leurs pairs comme de grands experts des sujets en question [2] ». Parmi ceux qui ont accepté que leur identité soit révélée, Michael Gordin, de l'université de

1. Voir http://www.nature.com/nature/britannica/eb_advert_response_final.pdf
2. « *Supplementary information...* », *Nature*, *op. cit.*

Princeton, l'une des meilleures aux États-Unis, et spécialiste du chimiste russe Dimitri Mendeleïev, et Roald Hoffmann, un chimiste qui aurait travaillé avec Robert Burns Woodward, sur lequel Hoffmann a corrigé les articles de Wikipédia et de *Britannica*. Certes, le curriculum vitae de ces deux universitaires atteste leur compétence, mais qu'en est-il des autres ? Impossible de le savoir.

Ces universitaires ne sont pas à l'abri d'une erreur, et nous pourrions imaginer que les collaborateurs de *Nature*, à défaut de pouvoir évaluer l'importance des omissions, aient vérifié les quelques erreurs factuelles relevées dans les deux encyclopédies. Mais, là aussi, *Nature* est clair : « Avons-nous demandé à ceux qui étaient chargés de critiquer les articles de se justifier ? – Non. Cela aurait pris trop de temps[1]. » Pas le temps donc pour *Nature* de vérifier si les erreurs relevées en sont vraiment. De toute façon, comme *Nature* l'ajoute, « cela s'applique aussi bien aux articles de Wikipédia que de *Britannica*. Puisque les correcteurs n'avaient pas connaissance de la source de l'article qu'ils étaient en train d'évaluer et puisque les articles des deux sources étaient traités de la même façon, il n'y a pas lieu de penser que les erreurs qu'ils ont commises aient altéré les résultats de notre enquête ». Autre-

1. *Ibid.*

ment dit, pour *Nature*, les erreurs commises par les correcteurs sur les articles de Wikipédia et de *Britannica* s'annulent. À quoi bon vérifier ?

Et, de fait, ces universitaires ont commis quelques erreurs. Mais seule *Britannica* a souhaité répondre officiellement point par point aux erreurs ou omissions qui lui étaient reprochées, Wikipédia ayant préféré corriger les erreurs relevées par *Nature*[1]. En tout, l'encyclopédie britannique conteste 64 des 123 erreurs ou omissions relevées par les correcteurs. Dans le document long de vingt pages qu'elle a produit[2], *Britannica* confirme par exemple que le livre écrit par l'astrophysicien Subrahmanyan Chandrasekhar, *Principles of Stellar Dynamics*, a été publié en 1942, et non en 1943 comme le correcteur de l'article l'indiquait. Vérification faite, la date de 1942 correspond à la publication d'une version abrégée de l'ouvrage, tandis que 1943 correspond à la première publication complète de celui-ci. Les deux dates peuvent donc être considérées comme justes. En aucune manière, *Nature* ne peut donc compter comme une erreur l'information publiée dans *Britannica*.

Même chose en ce qui concerne l'article sur le théorème de Pythagore. L'universitaire chargé de

1. Voir http://en.wikipedia.org/wiki/Wikipedia:External_peer_review/Nature_December_2005
2. « *Fatally flawed* », *Encyclopædia Britannica Inc.*, *op. cit.*

vérifier les deux articles reproche à *Britannica* d'avoir écrit « Crotone », le nom de la ville du sud de l'Italie où se serait installé le mathématicien, et non « Crotona », qu'il considère être la bonne orthographe en anglais. Après vérification auprès du U.S. Board on Geographic Names[1], l'orthographe de Crotone était correcte dans l'encyclopédie britannique.

D'autres fois, les remarques faites par les correcteurs relèvent trop du subjectif pour pouvoir être comptabilisées. Par exemple, l'universitaire chargé d'évaluer les deux articles sur le scientifique danois et ancien membre de Greenpeace Bjorn Lomborg estime que le qualifier d'« environnementaliste engagé » est trop fort. « Je pense que le terme d'engagé est exagéré », écrit-il. *Britannica* refuse la critique, mais c'est toujours une erreur de plus à son actif dans l'enquête menée par *Nature*.

Une enquête surestimée

L'idée n'est pas de dire que l'encyclopédie *Britannica* est exempte de toute erreur. Comme toute encyclopédie, comme tout dictionnaire, elle en contient inévitablement.

1. Voir http://gnswww.nga.mil/geonames/GNS/index.jsp

D'ailleurs, contester 64 erreurs ou omissions sur 123 revient à admettre les 59 autres. Et c'est sans compter les points que l'encyclopédie conteste à tort. Il convient toutefois de relativiser l'enquête réalisée par la revue *Nature* fin 2005. Nous l'avons vu, elle souffre d'un manque de rigueur à de multiples niveaux. Difficile en effet d'attribuer à une encyclopédie un texte qui n'est en fait qu'un patchwork de plusieurs articles. Difficile également de compter comme erreurs des choses qui n'en sont pas, d'autant que cela peut se vérifier en trois clics de souris. Difficile enfin de laisser une part aussi grande à la subjectivité des universitaires chargés d'évaluer les différents articles. Pour l'encyclopédie *Britannica*, ces failles « invalident » l'enquête. Pour *Nature*, il n'y a pas lieu de retirer l'article. « Nous rejetons ces accusations et avons confiance en l'équité de notre enquête [1] », pouvait-on lire dans un éditorial publié par la revue en mars 2006.

De son côté, Wikipédia reste discret sur le sujet. La version française de l'encyclopédie en ligne se contente de mentionner en trois lignes les conclusions de l'enquête [2]. Dans l'article consacré à la revue scientifique, la version anglaise, elle, ne dit

1. « *Encyclopædia Britannica and Nature : a response* », *Nature*, 23 mars 2006. Voir http://www.nature.com/press_releases/Britannica_response.pdf

2. Article « *Nature* (journal) », Wikipédia, le 8 mai 2007 à 16 h 06.

rien. Le sujet a fait un très bref passage sur la page le 20 décembre 2005, avant d'être retiré quelques heures plus tard, l'encyclopédie demandant aux rédacteurs d'éviter les références à Wikipédia quel que soit l'article en question. L'article consacré à *Britannica* est pour sa part plus riche sur le sujet et fait une large part aux critiques adressées par l'encyclopédie britannique à la revue.

Sans aller jusqu'à l'invalidité, l'enquête menée par *Nature* est donc bancale, tant du point de vue de *Britannica* que de Wikipédia. C'est d'autant plus dommageable que les conclusions ont été mal retenues par chacun. Mais ça, *Nature* n'y est pour rien. L'enquête montre bien que Wikipédia contient toujours plus d'erreurs sur les articles scientifiques étudiés que sa désormais rivale, l'encyclopédie *Britannica*. Et c'est sans parler des différences notables en termes de qualité rédactionnelle entre les deux encyclopédies. Cet élément n'a pas été pris en compte dans l'enquête, *Nature* le reconnaît toutefois : « Plusieurs correcteurs sont d'accord [avec les problèmes] de clarté [de Wikipédia]. Ils ont dit que l'article de Wikipédia qu'ils évaluaient était faiblement structuré et confus. Cette critique est commune aux scientifiques de l'information, qui relèvent aussi d'autres problèmes liés à la qualité des articles, comme par exemple l'importance excessive donnée aux théories scientifiques controversées[1]. » Problèmes de clarté et d'expression, que ne rencontre fort heureusement pas « la » *Britannica*.

Mais qu'en est-il de la crédibilité de Wikipédia, dès lors que les bases de la fameuse enquête censée démontrer son sérieux se révèlent si friables ?

1. « *Internet encyclopaedias go head to head* », *Nature*, *op. cit* .

3

Les dessous du fonctionnement de Wikipédia

« Atteindre un niveau de qualité au moins équivalent à celui de l'encyclopédie *Britannica*[1]. » Rien de moins ! Cette formule est celle de l'un des deux fondateurs de l'encyclopédie Wikipédia, Jim Wales. Un défi ambitieux. Car, *a priori*, Wikipédia se démarque des autres encyclopédies par son caractère collectif : n'importe qui, sans exception, peut y participer. Ici, pas besoin de diplôme ni de certificat : une connexion Internet suffit à qui veut créer ou modifier une page. Voilà bien le point faible de cette encyclopédie selon ses détracteurs : tout le monde peut y affirmer ce qu'il veut ; il n'y a aucune autorité ; chacun y établit sa vérité.

Pourtant, un simple tour sur le site suffit pour se rendre compte que l'encyclopédie n'est pas livrée au chaos. La page de Platon parle bien d'un philosophe grec ; ses idées y sont expliquées en toute

1. « *Internet encyclopædias go head to head* », *Nature, op. cit.*

clarté. La page est structurée ; on s'y retrouve rapidement. À première vue, on ne peut pas sortir de carton rouge à l'encontre de l'encyclopédie en ligne. Les fautes y sont l'exception ; le style y est souvent correct. Le rédacteur de la page sur Platon par exemple, ou plutôt ses rédacteurs, semblent être très cultivés et maîtrisent de surcroît l'orthographe. D'autres pages de Wikipédia confirment cette impression. Hormis quelques imprécisions stylistiques ou des répétitions qui rendent la lecture un peu moins fluide, on constate sur une grande majorité des pages un travail bien fait. Un résultat d'autant plus surprenant que les experts sont encore peu nombreux à participer à la rédaction des articles de Wikipédia. Ce que l'encyclopédie en ligne reconnaît du bout des lèvres : « Tous sont d'accord pour considérer que Wikipédia reste relativement peu connue parmi les spécialistes, même si certains domaines de recherche semblent plus perméables [1] », peut-on lire dans un document préalable à un colloque, organisé par Wikipédia en octobre 2007.

Quel est donc le secret de la célèbre encyclopédie en ligne ? Quels sont les mécanismes inventés par sa communauté pour assurer la qualité du contenu ? Il nous semblait pourtant que n'importe qui y écrivait n'importe quoi, sans contrôle préalable... La qualité

1. Voir http://colloque.wikimedia.fr/2007/spip.php?article16

est le fruit d'un travail collectif, et c'est ce travail collectif qui fait la particularité de Wikipédia.

Le contrôle des modifications

Si elle prend effet immédiatement, chaque modification peut également être tout de suite contrôlée par les utilisateurs de Wikipédia, et donc corrigée si besoin est. Comme des milices urbaines qui font la ronde dans un quartier agité, la « patrouille des modifications récentes », comme les wikipédiens la nomment, veille au moindre changement. Le système est simple : quand un internaute intervient sur une fiche, celle-ci figure dans la liste des dernières fiches modifiées. Les wikipédiens en ligne peuvent alors se précipiter sur celle-ci et contrôler ce qui a été modifié.

Trois types de réactions sont alors possibles. Si la modification semble justifiée (correction d'une faute d'orthographe, ajout d'un nouvel élément ou encore correction d'une erreur flagrante), rien n'est fait ; la fiche est laissée en l'état, la modification ayant permis de l'améliorer. Si au contraire la modification est visiblement l'œuvre d'un petit malin qui ne souhaite pas participer de manière constructive au projet, la version précédente de la fiche est rétablie (« restaurée »), à l'aide de l'historique. Ces utilisateurs qui passent leur temps à saboter le contenu de l'encyclopédie collaborative sont les bêtes noires des wikipédiens. On les surnomme les « vandales ».

Un exemple. Le 16 mars à 21 h 36, la fiche « Al-Qaida » est modifiée sur la version française de Wikipédia. Son contenu est intégralement remplacé par ces mots : « Fils de pute. » Une modification qui ne passe pas inaperçue : pas besoin d'avoir vécu un an à Kaboul pour apprécier toute la subjectivité de ce jugement, qui à l'évidence n'a pas sa place dans une encyclopédie. Une minute plus tard, à 21 h 37, un utilisateur enregistré sous le pseudonyme de *Padawane* restaure la fiche en se servant de l'historique, qui garde en copie toutes les versions antérieures des fiches. Plus un acte de « vandalisme » est flagrant, moins il a de chances de passer inaperçu et de rester en ligne.

Troisième possibilité : voir la modification d'une fiche déboucher sur une discussion. Dans ce cas, les internautes qui souhaitent participer à l'amélioration de la fiche échangent leurs arguments pour savoir comment combler ses lacunes. Il ne s'agit pas seulement d'ajouter des informations, mais également de déterminer quelles informations ont leur place dans une encyclopédie, et comment faire en sorte qu'une fiche soit « objective » en évitant toute formulation partisane.

Tout le défi de Wikipédia est là : faire collaborer les internautes pour permettre de constamment améliorer les fiches, et veiller à ce que personne n'essaye d'y imposer son opinion.

Voici un court extrait de l'un des milliers de débats qui agitent les coulisses de Wikipédia. Il s'agit d'une discussion entre wikipédiens au sujet d'une fiche controversée : celle d'Adolf Hitler.

> « Débat 3 [modifier]
>
> – Je pose la question : ne peut-on changer un titre de chapitre aussi tendancieux que "Hitler était-il socialiste ?" par un titre peut-être moins percutant mais plus mesuré, plus neutre et moins provocateur comme "Hitler, l'économie et la société allemande" ? Felipeh | hable aquí 29 mai 2006 à 12 h 34 (CEST)
>
> – Tu me rappelles ce que signifie le "S" de NSDAP ? Dans la mesure où il a donné à son parti le nom de "national-socialiste", il semble tout à fait légitime de poser cette question... Werewindle 29 mai 2006 à 16 :29 (CEST)
>
> – Oui, mais pas de manière provocatrice. Le nazisme et le socialisme n'ont rien à voir, mais il est en effet intéressant d'expliquer la gestion économique et sociale de l'Allemagne nazie. CdC 29 mai 2006 à 20 :43 (CEST)

– Exactement, entre poser une question et en faire un titre de chapitre, il y a une différence, d'autant plus qu'à ma connaissance la plupart des spécialistes y ont répondu par la négative. D'ailleurs, ce que signifie le “S” de NSDAP peut être considéré comme aussi peu pertinent que le “démocratie” des anciennes démocraties populaires. Felipeh | hable aquí 29 mai 2006 à 21 :14 (CEST)

– Dans ce chapitre, pourquoi ne pas évoquer la création de la Volkswagen, voiture à 1000 marks que tout le monde peut se procurer ? Et le niveau de vie a augmenté pour plus de 90 % des Allemands ? (Au détriment, il est vrai, de toutes les autres nations conquises et grâce à des confiscations.) Car en effet dans le paragraphe on ne comprend même pas pourquoi on aurait pu le qualifier de socialiste, comme si la question ne se posait pas. Il faut donner un minimum d'arguments à une thèse pour pouvoir la réfuter... Darunia 31 mai 2006 à 08 :55 (CEST) »

Nous n'avons pas choisi la fiche d'Adolf Hitler par hasard. Les discussions sont en effet plus violentes et moins productives sur des sujets qui ne relèvent pas des sciences exactes. Dans des domaines sensibles comme l'histoire ou la politique, on assiste souvent à des guerres idéologiques, moins présentes dans les domaines scientifiques comme la physique ou les mathématiques.

Mais, pour éviter que les discussions ne s'enlisent indéfiniment, Wikipédia – la version française du moins – s'est munie d'un comité d'arbitrage. Composé de dix membres, élus à leur demande, il est renouvelable tous les six mois. Il écoute les parties en conflit, avant de prendre une décision concernant l'avenir de la fiche. Il peut également sanctionner des utilisateurs, en fonction de leur comportement pendant la discussion, mais il n'aurait pas vocation à se prononcer sur le fond, assure l'un des membres du conseil d'administration de Wikimédia France[1].

Devant le nombre croissant de conflits, une fonction complémentaire à celle d'arbitre a été créée : les « wiki-pompiers », chargés d'éteindre les « feux » provoqués lors de discussions qui échauffent les esprits. Contrairement aux arbitres, les « wiki-pompiers » n'ont pas besoin d'être élus par la communauté pour occuper cette fonction. Ils ne peuvent d'ailleurs pas prononcer de sanction contre des contributeurs. La médiation doit se faire dans le calme et la civilité.

Pour limiter les actes de vandalisme, Wikipédia a également mis en place un système de semi-protection pour certaines notices sensibles. Tel est, par exemple, le cas pour la fiche d'Adolf Hitler que

1. Voir p. 69, « La nébuleuse Wikimédia ».

les internautes peuvent modifier à conditions d'être membre de la communauté depuis au moins quatre jours. D'autres fiches sont même complètement protégées, notamment la page d'accueil de l'encyclopédie en ligne, qui n'aurait pas fière allure si elle était sans cesse sabotée.

Malgré ce système, les actes de vandalisme n'ont pas disparu. Jim Wales a donc proposé mi-septembre 2007 un nouveau procédé selon lequel les modifications apportées aux notices devront être validées par des éditeurs « de confiance » avant de pouvoir apparaître en ligne. Obtiendront ce statut les wikipédiens ayant proposé au moins trente modifications valides en trente jours. L'avenir dira si cette nouvelle règle, dans un premier temps à l'essai sur la version allemande, permettra de gagner en qualité, sans perdre pour autant en réactivité, l'un des points forts de Wikipédia.

Le rôle des administrateurs

Dans l'idéal, il serait inutile de mettre en place de tels mécanismes. Mais l'anonymat que confère l'étendue de la Toile incite certains utilisateurs à ne pas respecter la neutralité de point de vue exigée par les fondateurs de Wikipédia. Pour contrecarrer cela, l'encyclopédie collaborative s'est donc dotée dès sa création d'une parade supplémentaire : les administrateurs.

Esprit Fugace[1] en fait partie. Afin d'en apprendre davantage sur l'encyclopédie collaborative et ceux qui la font vivre, nous avons voulu rencontrer la jeune fille. Le rendez-vous a été fixé à la gare du Guichet, en région parisienne. Rechercher la gare du Guichet dans Google vous renvoie immédiatement vers l'encyclopédie collaborative, qui lui consacre plusieurs paragraphes. « Située sur la ligne du RER B, elle dessert Orsay et une grande partie des organismes scientifiques du plateau de Saclay. » Les informations sont justes, c'est bien le RER B qui relie cette banlieue pavillonnaire à la capitale. Un rapide coup d'œil dans l'historique pour découvrir l'identité des auteurs de la fiche : *Esprit Fugace* n'en fait pas partie.

Elle a vingt-trois ans. Cheveux bruns et courts, regard vif derrière des lunettes, elle porte un tee-shirt noir sur lequel on peut lire une phrase énigmatique : « *Schrödinger's cat is dead.* » Curieux. Autour de son cou, elle a accroché une carte avec un ruban noir et blanc qui porte l'inscription « Wikipédia ». « Ça me permet de faire de la pub », affirme cette étudiante en physique fondamentale.

1. Entretien avec les auteurs, le 24 avril 2007.

Installée dans un café, elle enchaîne les jus de pomme tout en présentant le fonctionnement de Wikipédia à haut débit – il faut s'accrocher pour tout comprendre. Elle évoque la patrouille des modifications récentes, les *checkusers*, la Fondation Wikimédia, et semble avoir exploré le moindre recoin de l'encyclopédie collaborative. Les wikipédiens ont déjà leurs codes, leur langage et leur jargon.

Et pour cause : les administrateurs ne sont pas des utilisateurs comme les autres ; ils ont accès à des fonctionnalités supplémentaires. Si tous les utilisateurs peuvent modifier les articles, seuls les « admins » peuvent les supprimer ou bloquer les utilisateurs qui se sont fait remarquer par leurs actes de vandalisme. Ils sont également habilités à intervenir sur les pages protégées, ainsi qu'à effacer l'historique des pages. En tout, ils sont cent quarante-cinq à occuper le rôle d'administrateurs au sein du Wikipédia francophone.

Pour obtenir ce statut, il faut avoir compris le fonctionnement de Wikipédia, s'être familiarisé avec sa syntaxe, et y avoir contribué, beaucoup contribué. Car rien ne vaut l'expérience pour se faire sa place dans l'univers de l'encyclopédie en ligne. Quand *Esprit Fugace* a effectué sa demande pour passer « admin », cela faisait six mois qu'un ami lui avait fait découvrir le site. Elle est passionnée. Très vite, son compteur est monté à 3 000 contributions. C'est du nombre et de la qualité des contributions, mais aussi de la capacité du candidat à faire de la « maintenance » sur le site que dépend l'attribution du statut d'administrateur à un contributeur. Tous les utilisateurs enregistrés ayant contribué à suffisamment d'articles peuvent voter. En général, un utilisateur obtient le statut d'administrateur si la communauté s'est prononcée à une large majorité en sa faveur (généralement autour de 80 %). L'élection d'*Esprit Fugace* a donné lieu à un résultat que tout chef d'État lui envierait : 123 votes pour, 3 contre.

Mais quel bénéfice tirer d'une participation à Wikipédia ? À l'instar des autres contributeurs, les administrateurs ne sont pas payés. C'est une tâche noble, tout à fait bénévole, qui sollicite une responsabilité accrue, qui demande beaucoup de temps et derrière laquelle se cache une solide motivation. Pour certains administrateurs, comme pour *Céréales Killer*[1], Wikipédia se veut être un idéal :

> « Wikipédia est, pour moi, une expérience enrichissante, car elle épouse à merveille mes idées, que d'aucuns ignorent et que d'autres supputent : mes

1. Extrait de sa page d'utilisateur : http://Fr.wikipedia.org/wiki/Utilisateur:Céréales_Killer

idéaux sont gauchisants, voire libertaires, et c'est pourquoi Wikipédia correspond à ma vision du partage des connaissances, à la mise en commun de la matière grise sans chercher de contrepartie, pour le bien de toutes et de tous. C'est ce qui m'avait mené vers les logiciels libres et la FSF, la Free Software Foundation. Durant quatre ans, j'ai activement œuvré dans ce sens, mais je finissais par tourner en rond : l'informatique est très restrictive et nombriliste. Sur l'impulsion de *Med*, j'ai mis le nez dans Wikipédia et j'ai trouvé le projet formidable, car plus ouvert, puisque tous les sujets qu'offre la vie peuvent y être abordés et non plus un seul credo. Pour moi, Wikipédia est donc un formidable outil de partage des connaissances de façon totalement désintéressée, qui épouse donc parfaitement mes idéaux, même si d'autres y voient plus un moyen de véhiculer à bas prix des idées non franchement défendables... »

Esprit Fugace va même plus loin. Elle ne peut plus vivre sans Wikipédia. « Les bons jours, je peux passer dix heures sur le site. Mais, pendant mes études, c'est plutôt deux ou trois heures tous les soirs », lance-t-elle, avant de reconnaître un certain degré de dépendance. « Aujourd'hui, mon ordinateur est en panne. C'est comme un sevrage pour une personne qui fume. » Si *Esprit Fugace* s'investit et passe autant de temps dans l'encyclopédie collaborative, c'est qu'elle la conçoit comme un « jeu », comparable aux jeux de rôle en ligne. Pour elle, c'est aussi un moment de « détente » après le travail, mais surtout pas une obligation. Elle reconnaît cependant s'accorder des « wiki-pauses » certains week-ends, quand elle rentre chez ses parents dans le nord de la France.

Wikipédia s'est aussi révélée être une manière de rencontrer des gens. Même si les wikipédiens français ne se retrouvent pas régulièrement, comme c'est le cas de leurs homologues allemands, collaborer à la même encyclopédie crée des liens. Selon *Esprit Fugace*, on se fait vite une image des autres internautes, qu'on ne cesse de croiser lors de discussions. Un simple coup d'œil sur la page de présentation du contributeur permet d'en apprendre plus sur lui. En un clic, on peut découvrir sur quels sujets il est intervenu et ainsi se faire une idée de ses thèmes de prédilection. Il règne une familiarité presque totale entre wikipédiens. Certains vont même jusqu'à mettre leur photo en ligne.

Esprit Fugace sait qu'une bonne réputation lui permet de trancher dans les discussions entre membres de la communauté. Pour cela, elle s'efforce de rester polie, même s'il lui est déjà arrivé de se faire insulter par des « IP [1] », comme on surnomme les utilisateurs non enregistrés.

1. Les IP sont les internautes qui écrivent dans Wikipédia mais qui ne sont pas enregistrés sur le site, et qui ne sont donc pas identifiables par un pseudonyme.

L'encyclopédie en ligne cultive un goût prononcé pour les statistiques. Elles permettent de distinguer les anciens wikipédiens des nouveaux en fonction du nombre de contributions ou de déterminer les articles peu consultés et ceux qui le sont des milliers de fois chaque jour.

Dans ce dernier registre, l'encyclopédie se targue d'avoir récemment mis en place un compteur du nom de « Wikicharts [1] », qui comptabilise le nombre de visites de chaque page. Nous l'avons consulté en juillet 2007, alors que l'outil était encore en phase de test. Les fiches de nature politique ou historique, comme celles traitant du 11-Septembre ou de la Seconde Guerre mondiale, figurent en tête du hit-parade, de même que des fiches de pays comme celle de la France, de l'Espagne ou des États-Unis. Parmi les personnalités qui drainent le plus grand trafic sur la version française du site, on trouve les principaux acteurs de la vie politique française : Ségolène Royal (2730 visites par jour environ) et Nicolas Sarkozy (2840 visites), ainsi qu'un certain nombre de personnages illustres : Napoléon Ier (2220), Voltaire (1920), Guy de Maupassant (3540), Wolfgang Amadeus Mozart (3620) ou Léonard de Vinci (2910).

1. Voir http://tools.wikimedia.de/~leon/stats/wikicharts

D'autres thèmes moins académiques sont également fortement sollicités par les amateurs de Wikipédia : les feuilletons télévisés américains tels que « Lost, les disparus » (2820 visites) ou « Prison Break » (2720 visites) connaissent un franc succès, ainsi que les acteurs et actrices de films pornographiques à l'image de Clara Morgane (1650 visites). Quant à la page affichant la liste des acteurs et actrices pornographiques par nationalité, elle est consultée 2310 fois par jour. Controversée, sa suppression était en discussion durant l'été 2007. On se demande en effet quelle encyclopédie traiterait de ce sujet. Une fois de plus, Wikipédia innove et débat d'un sujet qui n'aurait certainement jamais traversé l'esprit des rédacteurs d'une encyclopédie plus conventionnelle. Mais, Wikipédia, c'est aussi la culture Internet, et sur Internet la pornographie joue un rôle non négligeable.

La page d'accueil annonce d'emblée la boulimie de chiffres de l'encyclopédie en ligne. « 563 000 articles en français, et plus de 8 millions dans plus de 200 langues [1] », annonce-t-elle fièrement. Un nombre impressionnant. L'évolution constante de ce chiffre est sans doute source de motivation pour de nombreux wikipédiens, enthousiasmés par un projet qui ne semble pas connaître de limites. En novembre 2006,

1. Le 28 septembre 2007, à 16 h 41.

les statistiques de Wikipédia indiquaient qu'il se créait chaque jour environ 569 articles, alors que près de 31 000 modifications étaient enregistrées quotidiennement pour la seule version française. Devant un tel engouement, on peut légitimement se demander si la qualité des articles peut suivre la progression effrénée de leur nombre. Consciente de ce problème, Wikipédia a innové en créant un label de qualité pour les articles ou les portails thématiques remplissant les critères de clarté, de neutralité, de citation des sources, entre autres. Une sélection très stricte : alors que le nombre d'articles de l'encyclopédie en français s'élevait à plus d'un demi-million, seuls 365 d'entre eux avaient obtenu ce label.

Des millions de wikipédiens

Mais, au fond, qui écrit dans Wikipédia ? Pour Florence Devouard [1], présidente du Conseil d'administration de la Fondation Wikimédia, le contributeur régulier moyen est âgé de vingt à trente-cinq ans ; il est souvent célibataire et étudiant. Même si les hommes sont mieux représentés que les femmes, le déséquilibre ne lui semble pas trop important. Si elle n'a pas non plus l'impression que les littéraires

1. Entretien avec les auteurs, le 27 avril 2007.

participent moins que les scientifiques, *a priori* plus férus d'informatique, elle déplore cependant l'absence de certains thèmes : l'artisanat, et en général toutes les sphères peu couvertes par des diplômés. Voilà pourquoi elle n'a pas hésité à demander à son plombier de contribuer à Wikipédia dans son domaine de prédilection.

Participer à Wikipédia implique beaucoup de minutie. De nombreux « réguliers » passent leur temps à chasser les fautes d'orthographe, à s'occuper de la structure des pages, ou à effacer les signatures que les contributeurs ont laissées sur leur passage. Les administrateurs sont bien conscients qu'il faut un certain temps pour s'approprier la syntaxe de Wikipédia (proche du langage informatique HTML). Pour s'entraîner, un « bac à sable » attend les débutants. Et comme il s'agit de ne pas décourager les nouveaux arrivants, il est également de coutume de ne pas immédiatement sortir « la matraque » dès la première petite erreur.

Malgré sa passion pour Wikipédia, *Esprit Fugace* demeure lucide quant aux limites de l'outil. « Il ne faut pas citer Wikipédia comme source, ce n'est pas une bonne idée. Mais ça peut être une bonne manière pour se faire une idée sur un sujet et un point de départ pour plus de recherches. »

Outre la gratuité, Wikipédia présente un autre

avantage important sur ses concurrents : une réactivité immédiate à l'actualité. Comme cela a été le cas lors de la tuerie de Virginia Tech (Virginie) en avril 2007, au cours de laquelle un étudiant avait tiré sur une trentaine de ses condisciples, des fiches peuvent se créer très rapidement et faire office de référence mondiale sur un sujet précis. Le massacre avait donné lieu à un raz-de-marée de contributions sans précédent, au point de devenir une mine d'informations, y compris pour les médias. Seulement quelques heures après le drame, une page était créée, donnant des informations très provisoires. Le plus grand mérite de l'encyclopédie collaborative est sans doute d'avoir donné envie à des internautes du monde entier de partager leur savoir.

Mais cette avalanche de contributions peut aussi nuire à la lisibilité de l'ensemble. Pour mettre un peu d'ordre dans cette profusion d'informations, des utilisateurs se dévouent pour remplir les différentes fonctions dont l'encyclopédie a besoin : administrateurs, arbitres, checkusers (chargés de vérifier l'identité des utilisateurs), « wiki-pompiers » et beaucoup d'autres. Tous mettent en commun leurs efforts afin que Wikipédia soit d'une qualité comparable à celle de l'encyclopédie *Britannica*, sans pour autant réclamer de rétribution.

La nébuleuse Wikimédia

Derrière le projet Wikipédia se trouve la Fondation Wikimédia, qui s'occupe également des projets Wikinews, Wiktionary, Wikibooks... Basée en Floride, aux États-Unis, c'est elle qui héberge les serveurs de l'encyclopédie en ligne. Le but de la fondation est de promouvoir « la croissance et le développement de projets contenant du savoir libre, fondés sur le principe du *wiki*[1], et d'en distribuer le contenu publiquement et gratuitement[2] ». À but non lucratif, elle ne peut tirer aucun profit de son activité.

Neuf salariés sont rémunérés par la Fondation Wikimédia. Tous travaillent aux États-Unis, la plupart en Floride. Quatre développeurs s'occupent des sites Internet ; une personne est chargée de la communication entre les associations nationales (qui prennent notamment en charge la promotion locale des projets) et la fondation en Floride ; une autre gère les relations avec la presse américaine ; enfin, une personne est responsable de la coordination des bénévoles.

Sans publicité, l'encyclopédie sous licence libre

1. Le *wiki* est un système de gestion qui permet à tous les internautes de pouvoir modifier les pages du site.
2. Voir http://Fr.wikipedia.org/wiki/Wikimedia_Foundation

se finance à 95 % par des dons. Selon Florence Devouard, la moitié du budget est consacrée à l'hébergement et aux serveurs, l'autre moitié aux salaires des employés ainsi qu'à leurs nombreux déplacements, conséquence directe du rayonnement international de la fondation.

« La grande majorité des dons est effectuée par le biais du site. Beaucoup d'internautes donnent des petites sommes, autour de dix ou vingt euros », d'après Florence Devouard. En moyenne, la fondation récolte environ 1 000 euros par jour. En parallèle, certaines associations américaines versent des sommes plus importantes, qui peuvent atteindre jusqu'à 100 000 euros. Des entreprises comme Virgin Unite ont également aidé à renflouer les caisses.

Quant à l'avenir financier de Wikipédia, il dépendra en grande partie de l'exploitation du potentiel de la marque. « L'une des cinq marques les plus connues sur Internet », comme le soutient Florence Devouard. On comprend qu'elle avoue ne pas être trop angoissée par le futur. Encore faut-il que Wikipédia devienne une marque au plein sens du terme.

4

Erreurs, manipulations et contre-vérités

Le succès de Wikipédia allant grandissant, ce qui faisait la force de l'encyclopédie collaborative se transforme aujourd'hui en faiblesses. Le nombre croissant de participants s'accompagne ainsi d'une multiplication des débats et des cas à arbitrer. L'explosion du nombre d'usagers place le site sous le feu des projecteurs et, pire, attire les vandales en tout genre – traduisez *trolls* en wikipédien –, dont le seul but est de produire du désordre sur le site. Pour faire face à ces dérives, Wikipédia a délégué très tôt, dès octobre 2001, l'entretien du site à ceux qui le connaissent le mieux : les contributeurs. Le statut d'administrateur est accordé à des centaines d'entre eux. Quant aux débats les plus complexes, ils sont portés devant un comité d'arbitrage. On l'aura compris, ce comité est lui aussi virtuel : ses salles de réunions sont les pages de discussion de Wikipédia, et les membres qui le composent ne se connaissent que sous des pseudonymes. Ce qu'ils veulent bien dire d'eux-mêmes, et le travail déjà fourni pour l'encyclopédie, fait office de carte de visite, y compris dans les plus hautes sphères de la hiérarchie.

Jusque récemment, le comité de médiation de la version anglophone de Wikipédia était placé sous la présidence d'un certain *Essjay*. Derrière ce pseudonyme, un homme, qui se présentait comme professeur en théologie dans une université privée des États-Unis et titulaire d'un diplôme en droit canonique. Bien qu'il n'ait intégré Wikipédia qu'en 2005, son ascension dans la hiérarchie est fulgurante. Après avoir commencé par travailler sur des sujets qui lui sont proches, comme la tiare papale, il prend de l'assurance et étend son action à des notes moins scolastiques, comme par exemple la biographie du chanteur Justin Timberlake. Il passe alors jusqu'à quatorze heures par jour sur Wikipédia ; ses corrections se comptent par milliers (sur Wikipédia, environ 30 % des usagers font 70 % du travail). En plus d'être nommé deux fois de suite à la tête du comité de médiation, mandat qu'il cumule avec celui d'administrateur, il devient un des quatorze *checkusers* du Wikipédia anglais. Véritables inquisiteurs, les *checkusers* sont les seuls à pouvoir accéder à l'adresse IP des utilisateurs. Grâce à l'identifiant électronique de l'ordinateur incriminé, ils peuvent repérer et punir les pires vandales. Lourde responsabilité !

La réputation d'*Essjay* est sans tache, au point que, lorsque le *New Yorker*[1], l'un des magazines américains les plus prestigieux, publie une enquête sur l'encyclopédie en ligne, c'est lui qui est interviewé (l'entretien s'est déroulé par courriel, la journaliste s'appuyant sur les garanties d'honnêteté offertes par Wikipédia). *Essjay* y explique mener une double vie numérique. Ses collègues et amis ne sauraient rien de son activité d'encyclopédiste. Il dit aussi n'avoir jamais rencontré en personne d'autres wikipédiens. Une des raisons de cette discrétion serait les risques qu'engendrerait sa position sensible. Certains utilisateurs prendraient très mal le fait d'être banni de l'encyclopédie, et *Essjay* prétend même avoir reçu des menaces de mort.

Les limites de la confiance

En réalité, la raison de la discrétion d'*Essjay* est à chercher ailleurs : *Essjay* est un affabulateur !

1. Stacy Schiff, « *Know it all, can Wikipedia conquer expertise ?* », *The New Yorker*, 31 juillet 2006. www.newyorker.com/archive/2006/07/31/060731fa_fact

Derrière la figure d'éminent théologien se cache en fait un jeune homme de vingt-quatre ans, Ryan Jordan. Après des passages dans plusieurs universités du Kentucky, il s'est aujourd'hui installé dans la banlieue de Louisville. Le jeune homme a dû révéler son identité lorsqu'il a été embauché par la société Wikia, liée à Wikipédia. La révélation met alors la galaxie Wikipédia en émoi. Jim Wales essaie de relativiser l'information, mais, très vite, des discussions fleurissent, demandant le bannissement d'*Essjay* et décrivant son comportement comme de la « fraude pure et simple ». Dans une communauté fondée sur la confiance, le mensonge est une faute grave, mais ce qui rend réellement furieux les wikipédiens est le fait qu'à diverses reprises *Essjay* s'est appuyé sur ses faux diplômes pour imposer ses points de vue. Ainsi, pour justifier la présence du livre *Le Catholicisme pour les nuls* dans la bibliographie de l'article sur la religion éponyme, le jeune homme explique qu'il demande à ses étudiants de le lire et qu'il parierait sa place de professeur sur la crédibilité dudit ouvrage.

Au bout de quelques heures, Jim Wales lui-même doit se plier à la majorité et annonce avoir demandé à *Essjay* de renoncer à sa position de confiance au sein de la communauté. Ryan Jordan, auteur de plus de 20 000 corrections et récipiendaire de plusieurs *barnstars*[1], est contraint de fermer sa page Wikipédia. Au regard de la qualité des informations proposées par l'encyclopédie, le cas *Essjay* n'est pas si grave puisque les activités du jeune homme étaient *in fine* positives. Ainsi, l'une des tâches d'*Essjay* était de faire barrage à l'une des fraudes les plus courantes sur Wikipédia qu'est l'arnaque à la correction : certains usagers introduisent délibérément des erreurs dans les notices avant de les corriger sous une autre adresse IP afin d'augmenter leur taux de corrections, et ainsi monter dans la hiérarchie de l'administration wikipédienne. Cette affaire n'est-elle pas révélatrice des effets pervers de l'organisation communautaire ?

UN PROJET ANTIÉLITISTE

Paradoxe du projet, l'un des critiques les plus virulents de l'organisation contributive de Wikipédia a été directement impliqué dans sa mise en place. Larry Sanger est le cofondateur de Wikipédia avec Jimmy Wales. Le premier aurait été en partie à l'origine de la mutation du site-mère de Wikipédia,

1. Les *barnstars* sont des décorations wikipédiennes, comme celle de l'acte aléatoire de bonté ou du contributeur infatigable.

Nupedia, en sa forme actuelle. Face à la lenteur de la progression de l'encyclopédie Nupedia, il a proposé la création d'un *wiki* afin d'accroître la vitesse de développement des articles, en permettant à chacun d'en modifier le contenu. Sa paternité lui est aujourd'hui disputée par Jim Wales. Ce dernier a d'ailleurs été contraint en 2002, après l'explosion de la bulle Internet et alors que Wikipédia manquait de fonds, de se séparer de Larry Sanger. Ce à quoi répond Larry Sanger : « Comme je ne suis pas un mercenaire, j'aurais continué à participer si l'atmosphère n'avait pas été empoisonnée[1]. »

Il évoque longuement la fuite des cerveaux ayant eu lieu dans l'année suivant la création du site. À la racine du problème, la philosophie « résolument antiélitiste » de personnes comme Jim Wales : « N'importe qui doté d'une réelle expertise et de peu de patience va éviter de travailler sur Wikipédia, car il sera forcé de défendre ses changements contre des non-experts », explique Larry Sanger. Pour lutter contre cet effet pervers, ce dernier souhaiterait un Wikipédia à deux vitesses, où une partie du site serait protégée contre les changements et supervisée par un comité d'universitaires, tandis

1. Éditorial de Larry Sanger : « *Why Wikipedia must Jettison its Anti-elitism* », paru le 31 décembre 2004 sur www.KuroShin.org/story/2004/12/30/142458/25

que l'autre serait ouverte aux quatre vents. Le meilleur des deux mondes en quelque sorte... Concilier le principe d'ouverture qui est au cœur de l'aventure, tout en mettant en valeur les apports de spécialistes. « C'était ma conception originale. Dommage que le projet n'ait pas évolué dans cette direction. Mais je connais Jim Wales depuis 1994, et je doute qu'il ne change pas d'avis, sans quoi le projet ne pourra pas évoluer. »

C'est un point qui décourage d'ailleurs un grand nombre de gens qualifiés pour participer à Wikipédia. Ainsi, trop souvent, les articles, y compris ceux portant sur des sujets pointus, sont écrits par des rédacteurs inexpérimentés, qui commettent des erreurs. Faire ses devoirs d'histoire avec Wikipédia peut ainsi réserver quelques surprises. Le *New York Times*[1] relate un épisode qu'ont dû vivre bien des enseignants à travers le monde. Alors qu'il corrige les copies de ses élèves d'histoire japonaise, Neil Waters remarque une erreur récurrente dans celles-ci. Plusieurs dissertations font état du soutien qu'auraient apporté les jésuites à la révolte des Shimbara dans le Japon du XVIIe siècle. Une assertion improbable, se dit immédiatement ce professeur aguerri, qui sait bien

1. Noam Cohen, « *A History Department Bans Citing Wikipédia as a Research Source* », *The New York Times*, 21 février 2007.

que les jésuites présents au Japon à cette époque étaient faibles et peu nombreux. Le responsable de cette erreur collective n'est pourtant pas à chercher bien loin. Une simple recherche sur Google renseigne rapidement le professeur sur le coupable : il s'agit bien sûr de Wikipédia, qui a corrigé cette erreur depuis. Mais, pour une erreur manifeste et grossière, combien d'approximations et de détails insidieux qui travestissent la réalité, ou d'articles sans profondeur et sans richesse sur des thèmes pourtant essentiels ? « C'est cela que je reproche à Wikipédia », explique Barbara Cassin [1], philosophe et auteur de *Google-moi, la deuxième mission de l'Amérique*[2]. « L'article sur Platon par exemple est d'une consternante banalité. On en parle comme si c'étaient les horaires de chemin de fer. » Pourtant, cette directrice de recherche au CNRS n'envisage pas de l'améliorer, tant que les critères ne sont pas mieux définis. « Tout cela va dans le sens de la confusion entre la culture et l'information. » La philosophe, qui a également consulté les pages sur le *Gorgias*, remarque que l'apparition de la rhétorique dans ce texte fondateur est signalée anecdotiquement. « Celui-ci [Socrate] va ici s'intéresser à la rhétorique », explique l'encyclopédie en ligne. « On donne cette information comme ça,

1. Entretien avec les auteurs, le 2 mai 2007.
2. Albin Michel, 2007.

en passant. Mais c'est bien plus qu'un "intérêt" ! En réalité, c'est dans le *Gorgias* qu'apparaît pour la première fois le mot "rhétorique", et ce dans la bouche de Gorgias. C'est son acte d'apparition. » Un moment essentiel de philosophie, qui mérite plus que cette simple mention.

Manipulations et erreurs célèbres

Voilà pour les faiblesses inhérentes au projet. Dès lors, on comprend mieux pourquoi certaines universités américaines ont interdit à leurs étudiants de citer Wikipédia comme source. Mais le principal poison de l'encyclopédie n'est ni les imposteurs, ni les ignorants, mais bien les affabulateurs. Parmi ces *trolls*, on peut ranger aussi bien les petits plaisantins que les vandales ayant une véritable volonté de nuisance. Les uns comme les autres ont grandement contribué à la réputation sulfureuse de l'encyclopédie collaborative. Ces attaques externes, les virus du savoir, visent à insérer volontairement des erreurs dans l'encyclopédie. Des canulars – ou *hoax* en anglais – qui peuvent prendre des proportions très inquiétantes.

Le cas de John Seigenthaler est à cet égard exemplaire. Ce journaliste à la retraite reçoit un jour un appel téléphonique de son fils : ce dernier lui apprend qu'on peut lire sur Wikipédia qu'il a été suspecté d'avoir pris part à l'élaboration des attentats contre les frères Kennedy et qu'il aurait vécu treize ans en Union soviétique. Le sang de cet homme de soixante dix-huit ans ne fait qu'un tour. Le mensonge est d'autant plus insultant et offensant qu'il avait travaillé en tant qu'assistant de Bob Kennedy lorsque celui-ci était procureur et qu'il faisait partie de ceux à qui échut l'honneur de porter son cercueil. Entre le 6 mai et le 5 octobre 2005, une seule modification a été effectuée sur l'article. Elle portait sur la correction d'une faute de frappe ! Durant cent trente-deux jours donc, cette énormité reste en ligne sans que nul ne trouve à y redire, jusqu'à ce que John Seigenthaler appelle Jim Wales pour lui demander de retirer les pages incriminées. L'auteur des lignes diffamatoires s'appelle Brian Chase ; c'est un petit employé d'une société de livraison. Magnanime, John Seigenthaler décide de ne pas poursuivre Chase, qui doit toutefois démissionner de son poste et lui présenter des excuses.

C'est Daniel Brandt, fondateur du site Wikipédia Watch [1], qui a démasqué le mystificateur grâce à son adresse IP. Son site est aujourd'hui une référence en matière de critique de l'encyclopédie collaborative.

1. Voir http://www.wikipedia-watch.org

« Wikipédia Watch examine le phénomène Wikipédia, auquel nous nous intéressons en raison de sa réputation de fiabilité totalement usurpée », explique Daniel Brandt sur la page d'accueil. L'homme mène ainsi des recherches poussées sur le contenu des pages de l'encyclopédie. Les cas de plagiat et de vandalisme sont passés au crible. Ils sont édifiants. Cornes et moustaches sur le portrait de Bill Gates pour le plus innocent, accusation de pédophilie sur un quidam pour le plus effrayant, décès prématuré pour le plus surréaliste. Dans chacun des cas, les personnes visées ont bien entendu souffert de ces affabulations malveillantes.

Mais, au-delà de ces exemples inquiétants, certains cas, moins graves, confinent même au potache. C'est le cas de l'article consacré à Porchesia, une île située au large du Liban. Vous n'en avez jamais entendu parler ? C'est normal. Cette île est l'invention d'un esprit facétieux, dont la page Wikipédia, supprimée par le modérateur *Danny* le 30 septembre 2006, est toujours visible sur Answers.com. La disparition de Porchesia a fait beaucoup de nostalgiques. « Pourquoi avez-vous détruit Porchesia ? Cette île existe vraiment ! » lance *Aun'va* à *Danny* le 20 mai 2007. Grâce à ces fervents supporteurs, l'île continue son existence virtuelle sur la Toile. Uncyclopedia, la parodie américaine de Wikipédia, y fait référence avec force. À vrai dire, on y parle même de l'« holocauste des Porchésiens ». On y apprend que cette société était « fondée sur les valeurs françaises de liberté, d'égalité et de fraternité, une démocratie libérale où tous, hommes et femmes, jeunes et vieux, beaux ou laids, étaient égaux [...]. Mais un jour se déclencha une violente guerre d'édition et de *trolls*, et en un seul moment l'île de Porchesia disparut dans la profondeur des océans. Jamais avant une nation entière n'avait été réduite à néant d'un seul clic de souris [1]. » Ray Bradbury ? Kurt Vonnegut ? Non. Cette phrase serait extraite des *Chroniques porchésiennes*, écrites par un certain Pirtros de Valc. Elle proviendrait même du deuxième tome du quatrième volume pour être précis. Car, Wikipédia et ses affiliés, c'est aussi un immense espace de création, où la supercherie devient parfois poésie.

En français, Uncyclopedia devient la Désencyclopédie, « la source en pleine évolution d'informations utiles et fiables, écrite entièrement par des singes savants [2] ». Une rapide comparaison des deux sites nous a enseigné que la version américaine était – de loin – la plus drôle. Mais ces alter ego wikipédiens « ouverts aux abus » nous apprennent surtout que la

1. Voir http://uncyclopedia.org/wiki/Porchesia
2. Voir http://desencyclopedie.wikia.com

Toile est un des plus grands défouloirs jamais inventés.

C'est peut-être là qu'il faut chercher les raisons des désordres de Wikipédia. Et aussi la meilleure, et pas la plus bête, critique de celle-ci : « Wikipédia est une parodie satirique de la désencyclopédie, [...] une base de données inutiles et triviales, comme une liste des trains, les Pokémons, [...] les méchants des jeux de Mario Bros, les intersections des routes, [...] Dieu, le diable, l'univers et tout le reste, ainsi que ces choses qu'ils nomment articles. » Le site qualifie aussi de « dadaïste » le fil des discussions attachées à chaque article wikipédien. C'est que celles-ci prennent parfois des allures de serpent de mer, avec des ramifications insoupçonnées en fonction des controverses du moment. Une activité à part entière, qui a pris une importance croissante parmi les collaborateurs de Wikipédia. Deux ingénieurs d'IBM, Martin Wattenberg et Fernanda B. Viegas, ont évalué la proportion des méta-pages à l'aide de modèles visuels. Les méta-pages sont les pages non dédiées à la partie strictement encyclopédique du site, mais aux discussions sur le contenu ainsi qu'aux questions administratives. À la naissance du site, les articles occupaient 85 % de Wikipédia. En octobre 2005, leur proportion était passée à 70 %. Pour Martin Wattenberg, ce phénomène est caractéristique d'une tendance : « Les gens parlent de gouvernance et ne travaillent plus sur le contenu[1]. » Le risque que Wikipédia se transforme en un gigantesque forum de discussion existe, mais, pour le chercheur, « le fait que les gens se connaissent permet au système de bien marcher. S'ils ne se connaissaient pas, les choses s'écrouleraient[2]. »

Moi par moi

Autre risque du principe collaboratif : une personne peut modifier elle-même sa propre page. En janvier 2006, un journal révèle ainsi que, au cours de l'année 2005, de multiples modifications opérées sur des articles concernant des hommes politiques américains provenaient directement d'ordinateurs placés dans les bureaux du Congrès. Si bon nombre d'entre elles relevaient de la chirurgie esthétique, certaines visaient à rabaisser des adversaires. Wikipédia réagit alors en bloquant tous les ordinateurs des deux Chambres américaines. Ironie, la mesure est normalement utilisée contre les écoles dans lesquelles trop d'enfants utilisent les ordinateurs pour aller vandaliser l'encyclopédie. Hommes politiques et gamins farceurs : même combat !

1. Cité dans l'article « *Know it all* », *The New Yorker*, *op. cit.*
2. *Ibid.*

Microsoft aussi a été pris la main dans le sac. La compagnie avait demandé à un informaticien australien de corriger les articles concernant ses logiciels. Le spécialiste en langages informatiques recruté par l'entreprise s'est défendu en soulignant que Microsoft ne l'avait pas engagé pour fournir une information biaisée en sa faveur, mais pour corriger les erreurs qu'il verrait [1].

Plus révélateur encore, Jim Wales lui-même, le gardien du temple, toujours le premier à bouter le feu au bûcher des vanités, a été surpris modifiant à dix-huit reprises sa notice biographique. Avant de lancer l'encyclopédie, il avait créé un portail Internet dont une partie de l'activité avait un caractère pornographique. Il est aujourd'hui très attentif aux termes utilisés dans sa propre fiche, préférant parler de « contenu adulte » ou « pornographie glamour » pour décrire les activités de ce moteur de recherche. C'est actuellement le terme de « photographie érotique » qui prévaut dans sa fiche.

Aux États-Unis, une compagnie de ferries a quant à elle fait l'objet de diffamation sur Wikipédia. L'année dernière, l'entreprise Lake Express, qui assure la liaison entre les villes de Milwaukee et de

1. Voir l'article de Rick Jelliffe « *An interesting offer : get paid to contribute to Wikipedia* » paru sur le site O'Reillyxml.com, 22 janvier 2007. http://www.oreillynet.com/xml/blog/2007/01/an_interesting_offer.html

Muskegon sur le lac Michigan, s'est rendu compte que l'article la concernant avait été modifié par un inconnu : il insistait lourdement sur les annulations, les retards, les problèmes techniques et les malaises dont étaient victimes les passagers de la compagnie. À la fin de l'article, un lien avait été ajouté renvoyant à un site Internet qui se chargeait de comparer les ferries Lake Express avec son principal concurrent, la compagnie S.S. Badger. Le site concluait que les ferries S.S. Badger étaient bien meilleurs que ceux de l'entreprise Lake Express. Sans grande surprise, ni S.S. Badger, ni le propriétaire du site comparatif ne disent y être pour quelque chose dans cette histoire déloyale !

Plus rapide que son ombre

Les exemples de manipulations ne manquent pas. Ainsi, grâce au « Wikipedia scanner [1] », mis au point durant l'été 2007 par Virgil Griffith, un étudiant de l'université CalTech en Californie, quiconque entre le nom d'une entreprise ou d'une organisation dont l'adresse IP est connue a accès à l'ensemble des modifications faites sur Wikipédia depuis ses ordinateurs. On apprend par exemple

1. Voir http://wikiscanner.virgil.gr

que les employés de la CIA ont modifié la notice du président iranien, Mahmoud Ahmadinejad, ou que les services de la mairie de Levallois-Perret ont notamment effacé de l'article consacré au maire de la ville, Patrick Balkany, une condamnation pour prise illégale d'intérêts. Grâce au WikiScanner, tout se sait, ou presque.

Autre exemple des mésusages qui peuvent être faits de Wikipédia, bien plus révolutionnaire que l'auto-valorisation ou la diffamation de concurrents, l'anticipation de faits réels.

En juin 2007, le catcheur canadien Chris Benoit a été retrouvé pendu dans sa maison de Géorgie, près des cadavres de sa femme Nancy et de son fils de sept ans. Une affaire tristement sordide, mais qui a pris une dimension inédite par le biais de Wikipédia. La police a en effet découvert les corps le lundi 25 juin à 14 h 30. Or, dès la nuit précédente, un étrange message avait été ajouté à l'article de Wikipédia concernant le champion. « Chris Benoit a été remplacé par Johnny Nitro pour le championnat de l'ECW à Vengeance, Benoit ayant eu un empêchement pour raisons personnelles, liées à la mort de son épouse Nancy [1] », pouvait-on lire

1. Cité dans l'article de Pascal Riché sur le site Internet Rue89.com, intitulé « Wikipédia annonce désormais les crimes à l'avance », 1er juillet 2007.

en ligne à partir de minuit, soit quatorze heures avant la découverte des corps. L'auteur de cette note a ensuite expliqué sur Wikinews [1], avec beaucoup de confusion, qu'il ne s'agissait que d'une grosse coïncidence et qu'il avait ajouté imprudemment sur Wikipédia une information non vérifiée sur la mort de Nancy Benoit, lue ailleurs sur Internet. Une étrange coïncidence qui ne manquerait pas de mettre en branle les neurones d'Hercule Poirot ou de Sherlock Holmes. L'ordinateur du « wikicontributeur » a en tout cas été saisi et, s'il s'avérait qu'il détenait des informations sur ce meurtre qui n'auraient pas été transmises à la police, l'auteur des lignes prémonitoires risquerait des poursuites pénales.

La réactivité, Wikipédia est connue pour ça. Les internautes actualisent ainsi en temps réel le bilan humain en cas de tragédie, telle la fusillade de Virginia Tech aux États-Unis en avril 2007 ou le tremblement de terre du 16 juillet 2007 au Japon. La dynamique communautaire se révèle alors extrêmement efficace. Pourtant, si l'encyclopédie collaborative annonce parfois des décès avant qu'ils ne soient constatés, c'est à nouveau d'usages déviants qu'il

1. Site d'actualités de la Fondation Wikimédia, dont les articles sont rédigés par les internautes. Voir http://Fr.wikinews.org

s'agit. Le cas est certes relativement isolé pour l'instant, mais il pourrait donner des idées aux amateurs de plaisanteries macabres, voire de crimes médiatisés. Le 14 mars 2007, un article de Wikipédia en anglais avait déjà annoncé la mort du comédien et humoriste américain Sinbad. Celui-ci, bien vivant, avait ironisé, après que ses managers eurent reçu de nombreux appels de condoléances : « Si seulement les gens m'avaient autant appelé quand j'étais encore en vie... Je vais mourir plus souvent. Je vais faire un film à propos de cette histoire. Sérieusement, ma mort va être mon grand retour [1] ! » L'article qui lui est consacré sur Wikipédia comporte désormais un paragraphe intitulé « *Erroneous death report* ». L'information erronée était restée brièvement en ligne, mais ce court laps de temps avait suffi pour que des fans de l'acteur fassent largement circuler l'information en envoyant à leurs amis le lien vers l'article fallacieux.

Ainsi, Wikipédia est tellement rapide, et elle veut être tellement complète, que le souci de la qualité de l'information – voire de sa véracité – passe trop souvent par pertes et profits. Le problème ici n'est pas que l'encyclopédie soit faite par des amateurs, mais que les experts refusent d'y participer. Le pro-

1. « *Sinbad, still not dead, chats with Lee Bailey* », paru sur EURweb.com, le 16 mars 2007.

blème – aussi cynique que cela puisse paraître pour lui – n'est pas que John Seigenthaler ait été accusé d'avoir contribué à assassiner Kennedy, mais que cette fausse accusation ait discrédité toutes les autres pages de qualité. Le journaliste américain raconte que, lorsqu'il était petit, sa mère tenait un oreiller au-dessus de lui et lui disait : « Si je l'ouvre, les plumes vont s'envoler aux quatre vents et je ne pourrai jamais les remettre dans l'oreiller [1]. » Pour lui, cet oreiller déchiré symbolise la manière dont Wikipédia traite, puis propage la vérité : une fois qu'elle est compromise, il est trop tard...

---

1. John Seigenthaler, « *A false Wikipedia "biography"* », *USA Today*, 29 novembre 2006.

5

Le réveil brutal des encyclopédies

« Qu'est-ce que vous savez sur Van Gogh ?
– Il s'est coupé l'oreille. »
L'homme ouvre l'encyclopédie et montre une illustration d'un tableau de Van Gogh.
« C'est pas mal. Je croyais qu'il s'était coupé l'oreille parce qu'il était nul ! »

Nous sommes dans la saison numéro 4 de la série américaine « Friends », et Joey, l'un des personnages principaux, reçoit la visite d'un représentant en encyclopédies. Il n'a que cinquante dollars sur lui, aussi ne peut-il s'offrir que le volume consacré à la lettre V. On le retrouve plus tard avec ses amis en train de parler du Vésuve. Joey ne s'étant jamais fait remarquer par sa culture, on lui demande ce qu'il lui arrive. Il répond : « On peut aussi parler de vivisection, de vases communicants ou de la guerre du Vietnam. »

L'épisode a été diffusé en 1997, il y a à peine dix ans. Dans l'appartement de Joey, il n'y a pas d'ordinateur. Aujourd'hui la scène serait inimaginable. Les encyclopédies sont devenues des objets du passé. On les retrouvait pourtant, véritable marqueur social, depuis plus d'un siècle sur les étagères de nombreuses familles. Expressions d'un désir de posséder tout le savoir, d'en ménager l'accès à ses enfants, synonymes de vulgarisation et de démocratisation de la connaissance, les encyclopédies *Larousse* et *Universalis* ont représenté pour des générations entières, notamment dans les classes populaires, un espoir d'ascension sociale par l'éducation.

« Pierre Larousse était un instituteur, rappelle Yves Garnier [1], directeur du département “Encyclopédies et dictionnaires” chez Larousse. Il a vécu le moment où l'instruction est sortie des mains de l'Église pour devenir publique et obligatoire, et il en fut un ardent défenseur. » Pierre Larousse s'est appuyé sur des méthodes d'éducation nouvelles pour renouveler l'enseignement du français ; en 1856, il publie le *Nouveau Dictionnaire de la langue française*, ancêtre du *Petit Larousse*. Le succès est immédiat. Mais ce n'est qu'un coup d'essai pour ce hussard noir de la République, qui va maintenant s'atteler à la rédaction de son encyclopédie, « un livre où l'on

1. Entretien avec les auteurs, le 10 mai 2007.

trouvera, chacune à son ordre alphabétique, toutes les connaissances qui enrichissent l'esprit humain ». L'objectif est ambitieux : « Instruire tout le monde sur toute chose. » Le premier fascicule du *Grand Dictionnaire universel* paraît le 27 décembre 1863. Jusqu'en 1866, l'œuvre est publiée sous ce format, avant de trouver son aspect actuel, en volumes. On en compte alors dix-sept. Jusqu'à sa mort, Pierre Larousse travaillera à l'écriture de ce dictionnaire de 22 700 pages. Il le rédige à la première personne du singulier et n'hésite pas à intercaler des observations personnelles. Pierre Larousse est progressiste, laïque et libéral. Il ne s'en cache pas.

Au fil des décennies, l'encyclopédie *Larousse* devient un bien à avoir. Figures familières jusqu'à il n'y a pas si longtemps, des centaines de représentants sillonnent la France et en vendent à tour de bras. L'effort financier est important : beaucoup n'hésitent pas à s'endetter pour acquérir une encyclopédie.

Après la Seconde Guerre mondiale, le mouvement s'amplifie encore ; les Trente Glorieuses y sont propices. Une encyclopédie coûte alors environ 10 000 francs ; pourtant, leur tirage dépasse facilement le million d'exemplaires. Un âge d'or que les encyclopédistes regardent aujourd'hui avec nostalgie.

Toutes les révolutions font leurs victimes, et ce monde-là a été frappé de plein fouet par la révolution numérique. Chez Larousse, les murs du bureau d'Yves Garnier sont tapissés de ces lourds volumes, reliés en cuir, autant de vestiges d'une époque révolue. Dans cette maison d'éditions, on a abandonné l'idée de mettre à jour la dernière édition du *Grand Dictionnaire Encyclopédique*. « Trop cher. L'édition de 1985 restera la dernière. » On préfère aujourd'hui se concentrer sur *Le Petit Larousse* et des encyclopédies plus compactes en deux ou trois volumes. Le déclin a commencé avec la démocratisation de l'ordinateur au milieu des années 1990. Premier coup porté à la célèbre maison : l'apparition d'Encarta, encyclopédie livrée d'office avec les ordinateurs équipés par Microsoft. Mais il s'agit encore d'une concurrence « à la loyale », puisque l'entreprise n'empêche pas l'installation d'autres encyclopédies sur l'ordinateur en question ; l'éditeur de logiciels américain s'est en effet contenté de racheter le fond d'une maison d'édition américaine. Seul le format change. Larousse répond d'ailleurs très vite en adaptant son contenu sur CD-Rom.

Avec Internet, c'est autre chose. La connaissance est maintenant placée à portée de souris. Pour Fabrice Frémy[1], directeur du *Quid*, c'est le moment où l'ordinateur prend dans les mentalités la même place que tenaient jadis les encyclopédies *Larousse* ou

1. Entretien avec les auteurs, en mai 2007.

Universalis. « C'est le même rêve qui conduit les parents à acheter des ordinateurs à leurs enfants, et qui en pousse d'autres à réclamer à hauts cris un ordinateur pour chaque enfant dans les écoles. »

Le *Quid* a réalisé ses meilleures ventes en 2000, avec plus d'un demi-million d'exemplaires écoulés. En 2001, Wikipédia est lancé et, dans les années qui suivent, les ventes du *Quid* baissent inexorablement, de plus de 70 %, pour se stabiliser autour de 130 000 exemplaires. Aujourd'hui, Fabrice Frémy envisage même d'arrêter la publication annuelle du livre !

Comme le *Larousse*, le *Quid* fut une véritable *success story* de l'édition. Celle-ci aussi avait commencé par une aventure personnelle, celle de Dominique Frémy, le père de Fabrice. L'encyclopédie thématique publiée pour la première fois en poche en 1963 devient très vite un best-seller. Ses atouts sont sa concision et son index, véritable moteur de recherche intégré, qui permet de retrouver très vite une information, en particulier un chiffre. « Si c'était à refaire, nous nous lancerions dans les moteurs de recherche sur Internet tout de suite. »

Le malaise est perceptible chez nos deux encyclopédistes. Plus de 12 000 collaborateurs travaillent à la rédaction du *Quid* chaque année, de même qu'ils étaient des milliers à contribuer à l'écriture de l'encyclopédie *Larousse*. Tous des experts dans leur domaine, et parmi eux quelques prix Nobel, notamment chez Larousse. « Cela coûte beaucoup trop cher, explique Yves Garnier. La dernière édition de notre *Grand Dictionnaire Encyclopédique* avait coûté plus de 80 millions de francs. On ne peut rien faire contre une structure comme Wikipédia qui fonctionne sur le principe du bénévolat. »

Le plus surprenant, lorsqu'on rencontre ces représentants d'un monde en voie de disparition imminente, est leur manque d'hostilité à l'égard de Wikipédia, considérée comme un défi plutôt que comme un danger. Chez ces hommes habités par un même idéal – la diffusion du savoir – transparaît même une forme d'admiration. Fabrice Frémy explique qu'il n'a « aucune hostilité sur le principe technique de Wikipédia. En faisant appel aux contributions des lecteurs, ils se sont faits les artisans d'une formidable réorganisation du savoir. En revanche, Wikipédia devra résoudre la question de sa fiabilité ».

Cette encyclopédie en ligne les pousse donc en retour à revisiter un genre endormi sur ses acquis. Yves Garnier note humblement l'apport de l'encyclopédie en ligne par rapport à leur travail, plus centré sur le savoir académique. « Ils laissent plus de place à la culture populaire, sur toute une série de sujets, et ça peut aller des ours en peluche aux émissions de téléréalité, des sujets absents des encyclopédies traditionnelles. » « Évidemment, tempère-t-il, l'autre versant de cette richesse, c'est qu'il n'y a plus aucune hiérarchie, aucune classification dans la connaissance. Or, le rôle de l'encyclopédiste est aussi de tracer le périmètre de la connaissance. Sur Wikipédia, personne ne dit ce qui est important et ce qui ne l'est pas. »

Mais toutes les encyclopédies font le même constat : si Wikipédia a eu le coup de génie de comprendre très tôt le désir contemporain de l'interactivité, les limites du concept rendront un jour cet outil inutilisable. Car malgré un accroissement rapide, avec aujourd'hui plus de 500 000 pages pour la version francophone, l'encyclopédie risque d'atteindre rapidement un seuil au-delà duquel elle ne sera plus contrôlable par personne. Il y aura un apogée à partir duquel plus rien ne sera vérifiable, expliquent en chœur Frémy et Garnier. En gros, à moins d'accroître prodigieusement les équipes de Wikipédia, plus personne ne pourra plus contrôler le vandalisme des pages déjà existantes, et les informations erronées se multiplieront. Ils notent également les faiblesses du modèle contributif, qui ne met aucun spécialiste à l'abri de modifications impromptues. « Il peut être très tentant pour un expert d'écrire sur le sujet qu'il maîtrise le mieux. Mettons que Jean Tulard rédige l'article sur Napoléon, et que le lendemain un lycéen vandalise sa notice. Vous pensez qu'il y retournera ? Je ne le crois pas. » Pour exemple, Fabrice Frémy évoque plusieurs collaborateurs du *Quid*, des experts enthousiasmés par l'idée d'une encyclopédie participative, qui ont commencé à rédiger des notices pour Wikipédia avant de baisser les bras face aux changements effectués.

Une image employée par Fabrice Frémy résume bien sa perception du problème : aux États-Unis, le Pony Express, créé à la fin des années 1850, permettait de transporter très rapidement des missives d'est en ouest. Après la mise en place du premier fil télégraphique, les fondateurs ont été forcés de mettre la clé sous la porte. Pourtant, on se rendit vite compte que le télégraphe ne fournissait pas le même service que le Pony Express. Un service de qualité équivalente ne fut retrouvé qu'avec l'avènement du chemin de fer, puis de l'automobile. On l'aura compris, le Pony Express, ici, c'est l'encyclopédie dans sa forme classique, et le télégraphe, Wikipédia. L'amélioration du principe même de la plateforme Wikipédia est le prochain défi dans le commerce de la connaissance. Et, cette fois-ci, les acteurs historiques du secteur sont bien décidés à ne pas rater le coche.

Le *Quid* avait ouvert une enseigne très tôt sur le Net, dès 1997. L'accès y était d'abord payant, avant de devenir rapidement gratuit. Contrairement aux autres encyclopédies, comme *Universalis*, *Larousse* ou *Hachette*, qui sont, elles, restées payantes. Mais, en 2001, l'entreprise, qui tire ses ressources Internet de la publicité, a été touchée durement par l'éclatement de la bulle Internet. « Heureusement les ventes papier qui étaient encore bonnes nous ont permis de tenir le coup. » Aujourd'hui, au moment où il s'interroge sur une nouvelle ligne éditoriale, le *Quid* n'a plus le droit à l'erreur, à présent qu'il a réalisé sa transition numérique (Quid.fr reçoit 1 500 000 visites par mois). Fabrice Frémy se dit excité par ce défi, car, « dans tous les moments difficiles, nous avons su nous remettre en question ».

Le pari du *Quid* sur Internet est fondé sur la loi de Pareto[1] du nom d'un économiste italien. En s'appuyant sur cette théorie, Fabrice Frémy constate que 80 % des demandes effectuées par les utilisateurs d'un moteur de recherche ou d'une encyclopédie portent sur 20 % des sujets, souvent liés à l'actualité. C'est sur ces quelques sujets que le *Quid* veut se montrer le plus performant, avec des informations complémentaires à celles que peut fournir

1. Selon cette loi, baptisée loi des 80/20, 80 % de la richesse se concentre entre les mains de 20 % de la population.

par exemple un journal en ligne. « Les requêtes du grand public tournent entre 2 000 et 20 000 sujets, qui sont toujours les mêmes, explique Fabrice Frémy. Nous cherchons à être les meilleurs sur ces sujets-là. » Sans tout à fait coller à l'actualité, les dossiers proposés par « Quid Zoom [1] » permettent déjà aux internautes d'obtenir une perspective plus générale sur un seul grand sujet, avec ce qui a fait la force de la marque Quid, la précision dans la concision. À cette partie assez classique viendra s'ajouter un volet contributif, mais réservé à des experts. Les spécialistes pourront y discuter et construire des contributions sur tous les thèmes qu'ils souhaiteront. En somme, rien de très nouveau : faire appel à des experts tout en gardant comme objectif premier la vulgarisation du savoir. Un Wikipédia de luxe en quelque sorte. Pour l'instant, on peut trouver autour de 800 dossiers sur le site. À terme, « Quid Zoom » voudrait en proposer 2 000 nouveaux par an, sur des sujets aussi variés que l'impôt sur la fortune ou le dessin animé japonais. Le site étant gratuit, l'entreprise compte se financer par la publicité. Ayant souscrit au service *AdSense* de Google – un service qui permet de personnaliser les publicités d'une page web en fonction des recherches effectuées par l'internaute – Fabrice Frémy estime

1. Voir www.quid.fr/zoom

même que les publicités sont une forme d'information supplémentaire. Mais cela suffira-t-il à lutter contre le rouleau compresseur Wikipédia ?

Chez Larousse, on ne veut pas non plus baisser les bras trop vite. La maison d'édition serait en train de préparer un projet d'encyclopédie sur Internet, mais Yves Garnier n'a pas voulu nous en dire plus. Avec un petit sourire, il se contente de donner la date – fin de l'année 2007 – et de préciser : « Vous allez voir, cela va être très fort. »

On peut toutefois se demander s'il y a une place pour un nouveau Pierre Larousse ou un Dominique Frémy. « Il y a du travail, évidemment, mais je suis sûr que Wikipédia ne suffit pas. Les gens finiront par se lasser des approximations et réclameront une information vérifiée. » C'est une nouvelle ère qui s'ouvre pour les encyclopédies. Elles vont devoir relever des défis similaires à ceux que la presse peut rencontrer aujourd'hui. « Mais c'est en les surmontant que le *Quid* est devenu ce qu'il est aujourd'hui. L'important n'est pas d'être les premiers, c'est de s'imposer. » Quid de la bonne méthode pour y parvenir ? La réponse à cette question ne se trouve ni en ligne, ni sur papier.

6

Diderot, le premier des wikipédiens ?

« Étymologiquement, *encyclopédie* signifie “faire entrer dans le cercle de la pédagogie” », souligne le lexicologue Alain Rey [1], qui travaille pour les dictionnaires *Le Robert* depuis plus de cinquante ans. Et d'ajouter avec humour que « Wikipédia conserve l'idée de pédagogie, mais oublie le cercle, et le remplace par *wiki*, un mot hawaïen – Hawaï, la patrie du surf ! *Wiki* signifie “vite” et ce n'est pas un hasard, car, Wikipédia, c'est le zapping généralisé ! »

Dans bien des esprits, le terme d'encyclopédie évoque encore de lourds volumes reliés dont la simple manipulation fait se lever un nuage de poussière et de respect quasi religieux. Dans certains grands lycées de France, on emmène les élèves solennellement consulter le volume de l'*Encyclopédie* de d'Alembert, soigneusement conservé à la

1. Entretien avec les auteurs, le 20 avril 2007.

bibliothèque, afin de leur faire admirer les planches consacrées à l'anatomie ou à la mécanique.

Se pourrait-il que, d'ici quelques années, le terme « encyclopédie » évoque avant tout l'image des pages blanches et bleues de Wikipédia, sa mise en page spécifique et son mode de rédaction participatif ?

À ces volumes dans lesquels le savoir est soigneusement organisé viendrait donc se substituer un ensemble foisonnant, informe, sans arborescence claire, qui inviterait le lecteur au picorage plus qu'à l'approfondissement.

Parmi les spécialistes des encyclopédies, et les intellectuels en général, nombreux sont ceux qui considèrent que Wikipédia ne répond pas aux exigences d'une encyclopédie. L'encyclopédie peut se définir comme un « ouvrage traitant méthodiquement de toutes les sciences et de tous les arts [1] ». Si Wikipédia répond au désir d'exhaustivité exprimé depuis toujours par les encyclopédistes, c'est plutôt dans le « méthodiquement » que se loge toute la différence entre le projet de l'encyclopédie en ligne et ceux des encyclopédies précédentes.

1. Définition issue du dictionnaire de la langue d'Émile Littré. Voir http://francois.gannaz.free.fr/Littre

« Tous les efforts des encyclopédistes depuis l'Antiquité visent à classer, à hiérarchiser le savoir », explique Alain Rey[1]. En effet, chez Aristote, on trouve l'idée fondatrice de diviser le réel en catégories pour le rendre « connaissable », maîtrisable. D'où une œuvre qui se divise en des Économiques (huit livres), une Poétique, une Rhétorique (trois livres), une Physique ou encore une Métaphysique.

Au Moyen Âge, le relativement peu connu *Speculum Majus* (ou « Grand Miroir ») de Vincent de Beauvais, rédigé au XIIIe siècle, se divise pareillement en trois parties, dévolues aux sciences, à l'histoire et à la nature. Cet ouvrage a connu une diffusion impressionnante pour l'époque, puisque quatre-vingts copies en ont été réalisées !

De même, l'*Introduction à l'histoire universelle* d'Ibn Khaldûn, né à Tunis au début du XIVe siècle, une somme de plus de 1 500 pages, se fonde sur une construction rigoureuse et un renvoi permanent aux sources.

C'est pourtant au siècle des Lumières que l'on situe généralement la cristallisation de l'idée d'une encyclopédie regroupant en un livre tout le savoir

1. Voir aussi : Alain Rey, *Miroirs du monde. Une histoire de l'encyclopédisme*, Fayard, 2007, pp. 228-234.

disponible. « La conception qui sous-tend l'*Encyclopédie* de d'Alembert et Diderot et celle de Wikipédia sont très différentes, note l'un des spécialistes du XVIIIe siècle qui s'est intéressé à l'*Encyclopédie*. « Wikipédia, c'est du *work in progress*, en construction permanente, ce qui est la meilleure et la pire des choses, tandis que la base même de l'*Encyclopédie* de Diderot, c'est l'organisation du savoir, ce qui est d'ailleurs bien expliqué dans le discours introductif de l'*Encyclopédie*. »

Dans un cas, l'encyclopédie se construit comme une maison en *Lego*, où chaque enfant passant devant le bac à jouets ajouterait une pièce selon son bon vouloir et son inspiration du moment ; dans l'autre, un architecte élabore soigneusement un plan au préalable, puis une équipe restreinte de maçons se met au travail pendant un temps déterminé. D'un côté, une multitude de petites mains bénévoles, de l'autre, une grande main tutélaire.

« Le chevalier de Jaucourt était le principal collaborateur de Diderot pour l'*Encyclopédie*, raconte un historien. Il a écrit à lui seul un quart de l'*Encyclopédie*, en travaillant quatorze heures par jour ! Ce n'était pas un créateur comme Diderot, mais c'était l'homme idéal pour une encyclopédie : il lisait tout et était capable de synthétiser des ouvrages entiers en un article. »

Dans le discours préliminaire de l'*Encyclopédie*, d'Alembert écrit : « L'ouvrage que nous commençons (et que nous désirons de finir) a deux objets : comme encyclopédie, il doit exposer, autant que possible, l'ordre et l'enchaînement des connaissances humaines ; comme dictionnaire raisonné des sciences, des arts et des métiers, il doit contenir, sur chaque science et sur chaque art, soit libéral, soit mécanique, les principes généraux qui en sont la base, et les détails les plus essentiels qui en font le corps et la substance. » Ordre et enchaînement, deux concepts clés de cette encyclopédie qui aura un retentissement énorme, bien qu'elle n'ait été tirée qu'à 4 000 exemplaires, un tirage important pour l'époque, mais qui paraît dérisoire aujourd'hui.

Divisée en 17 volumes de texte et 11 volumes de planches, elle contient 72 000 articles écrits par plus de 140 contributeurs. « Comme tout livre, l'*Encyclopédie* est certes figée, mais elle donne une vision structurée et globale d'un sujet, avec son arrière-plan, explique un spécialiste. En ligne, le savoir est éparpillé en une multitude de parcelles, sans arrière-plan. Pour un élève, savoir que la bataille de Waterloo a eu lieu le 18 juin 1815 ne sert à rien s'il ne sait pas qui l'a gagnée. Internet ne permet pas d'accéder à l'arrière-plan des événements. »

Plus que les erreurs formelles qu'elle peut contenir, comme toute œuvre humaine, c'est donc son absence de principe organisateur clair, de nomenclature transparente, que nombre d'universitaires, d'historiens ou de spécialistes des médias reprochent à Wikipédia. Louise Merzeau[1], maître de conférences en sciences de l'information et de la communication et membre du comité de rédaction de la revue de médiologie de Régis Debray, *Médium*, s'interroge : « Le savoir peut-il s'auto-organiser, dans ses arborescences, sa taxinomie ? Il peut s'auto-corriger pour ce qui est des erreurs ou des dérives partisanes, qui sont rapidement contrecarrées. Mais s'auto-organiser par petites touches successives et forcément isolées... Rien n'est moins sûr. Il n'y a pas de vue d'ensemble, de plan d'ensemble. Wikipédia est un outil, mais il est légitime de se demander : qu'est-ce que ça construit ? »

Une question qui se pose autant pour Wikipédia que pour les autres sites construits en *wiki*, qui fleurissent sur Internet. Ainsi, le site amillionpenguins[2] propose aux visiteurs de contribuer à la rédaction d'un roman. Chaque volontaire apporte sa pierre à l'édifice, comme bon lui semble et sans pouvoir en revendiquer la propriété. Il peut modifier ou effacer

1. Entretien avec les auteurs, le 27 avril 2007.
2. Voir www.amillionpenguins.com

complètement ce qu'ont écrit ses prédécesseurs. Quant à savoir ce que crée cette entreprise d'écriture collective, que ne renieraient peut-être pas les membres de l'Oulipo, personne ne peut le dire. Impossible de savoir non plus si quiconque aura envie de lire la totalité de cette œuvre derrière laquelle se cache une infinité de mains et de claviers, de desseins et de sensibilités.

Il en va de même, dans le monde des encyclopédies : d'un côté, un savoir gargantuesque incapable de maîtriser la croissance de son volume ; de l'autre, une conception classique de la connaissance, dans laquelle celle-ci forme un ensemble harmonieux, comme les corps parfaits de la statuaire grecque. Le philosophe québécois Jacques Dufresne, qui présentait le 23 mai 2007 son projet d'encyclopédie de la francophonie en ligne [1] à Paris, penche sans hésiter pour cette seconde conception du savoir. Au-delà de la promotion, chère aux Québécois, de la langue française face à la suprématie de l'anglais sur Google ou Wikipédia, l'objectif de son encyclopédie en ligne est de créer « un sentier, une oasis de sens ». Pour ce dynamique sexagénaire, on perd toujours à céder à la tentation contemporaine de « sacrifier la cohérence à des consensus nécessairement mous ». Et d'ajouter, à propos de son encyclopédie en ligne « l'Agora [2] », dont l'encyclopédie de la

1. Voir l'encyclopédie Agora : http://agora.qc.ca
2. *Ibid.*

francophonie n'est qu'une partie : « Nous sommes petits, mais au moins nous sommes cohérents ! » Et, en effet, l'Agora est divisée en douze parties, allant des Arts aux Sciences en passant par le « divin » et les « grandes questions ». Cela n'a pourtant pas empêché une de leurs collaboratrices, rémunérée pour la rédaction d'articles, de les quitter pour contribuer gratuitement à Wikipédia, « parce qu'elle n'aimait pas l'autorité et que nous avions refusé certains de ses dessins », explique Jacques Dufresne.

Corrélée à la question de la structure, on trouve aussi la question du volume. Wikipédia, qui a dépassé le seuil du million d'articles, toutes langues confondues, dès septembre 2004, et a atteint 7,4 millions d'articles le 1er juin 2007, offre en effet un volume d'information bien supérieur à celui d'une encyclopédie papier classique, comme *Britannica* ou *Universalis*. Mais l'accumulation quantitative constitue-t-elle une fin en soi ? Un article sur les Pokémons peut faire la même longueur qu'un article sur Emmanuel Kant. Il peut même être plus long que celui consacré au philosophe de Königsberg s'il a été écrit par un contributeur bénévole plus passionné et intarissable sur son sujet. Ainsi, au 1er mai 2007, l'article consacré à l'émission télévisée « À la recherche de la nouvelle star » était plus long de moitié que celui consacré à l'ancien président de la Commission européenne Jacques Delors.

Certes, l'émission « La Nouvelle Star » peut être considérée comme un véritable phénomène de société mondial, mais cette absence de hiérarchisation du savoir en heurte plus d'un. Sans tomber dans l'« anti-wikipédisme » épidermique, mais en évitant également tout « jeunisme » béat, Alain Rey souligne : « Dans Wikipédia, il y a une idée affichée d'ouverture et de démocratie qui me paraît positive. Mais il n'y a pas de hiérarchie des connaissances. Or, la façon d'organiser le savoir est fonction de l'idée qu'on se fait du monde. L'idée d'une encyclopédie cumulative est contraire à la philosophie de l'encyclopédie. Valoriser l'accumulation, c'est valoriser la tête bien pleine plutôt que la tête bien faite, selon la perspective de Montaigne. Je ne vois pas d'encyclopédie en ligne qui puisse atteindre un niveau d'organisation équivalent à celui d'une encyclopédie papier. »

« Tout est politique, tout est idéologique »

Quelle serait donc la philosophie, la conception du monde qui sous-tendrait l'encyclopédie cumulative et participative Wikipédia ? Une philosophie démocratique ? Une philosophie du citoyen expert ? Sans doute. Mais, pour Louise Merzeau, elle ne remet pas entièrement en cause le principe de médiation entre connaissances et citoyens sur lequel se fondent les encyclopédies traditionnelles. « Certes, Wikipédia participe à un mouvement idéologique de disqualification de la médiation, ou du moins c'est une des raisons qui poussent beaucoup de gens à préférer cet outil d'accès au savoir à d'autres. Il y a raccourcissement ou court-circuit des médiations. Mais Wikipédia utilise aussi les médiations, avec ses propres contraintes, ses propres mécanismes. » On en revient au rôle des administrateurs de la cyber-encyclopédie.

Paradoxalement, ses détracteurs reprochent souvent à Wikipédia à la fois de donner la parole à tout un chacun, et donc de partir dans tous les sens, mais aussi de servir un grand projet de manipulation idéologique. « Ça me paraît absurde de crier au complot, comme s'il y avait un surplomb possible, un œil qui contrôlait tout. C'est plutôt le défaut de cela qui pose problème », insiste la médiologue.

Il est plus pertinent de reprocher à Wikipédia d'héberger, même temporairement et sous des dehors encyclopédiques, des actes de propagande patents. Le principe même de la liberté d'accès permet à des groupes de pression très organisés d'infiltrer et d'instrumentaliser l'outil. Cela est manifeste avec les révisionnistes de l'histoire en général et les négationnistes de la Shoah en particulier. Alors que l'*Encyclopédie* du XVIIIe siècle était un vrai outil contre l'obscurantisme religieux, Wikipédia offre à l'Église mormone ou aux Témoins de Jéhovah une intéressante plate-forme pour un prosélytisme déguisé.

Ainsi, l'article intitulé « Opposition au mormonisme [1] » de Wikipédia semblait clairement avoir été écrit, sinon par un mormon, du moins par un internaute éprouvant de la sympathie à l'égard de cette religion souvent vilipendée. L'Église de Jésus-Christ des saints des derniers jours, ou Église mormone, créée en 1830 à la suite de ce que les fidèles considèrent comme une révélation divine de l'ange Moroni au prophète Joseph Smith, compte douze millions de membres dans une trentaine de pays, dont environ la moitié aux États-Unis. Dans le paragraphe « les opposants religieux » de cet article de Wikipédia, on pouvait lire cette définition : « Il s'agit généralement d'évangélistes protestants convaincus du caractère erroné du mormonisme (qui ne serait pas véritablement chrétien selon eux). Inquiets de la croissance du mormonisme, ils publient des livres rassemblant tous les aspects négatifs (réels ou fantasmés) de ce mouvement reli-

1. Cet article a été supprimé le 20 septembre 2007, à 13 h 43.

gieux. Ils espèrent ainsi convertir des mormons à la foi protestante, et surtout convaincre leurs ouailles de ne pas se laisser séduire par les mormons. » L'utilisation du terme ouvertement péjoratif d'« ouailles » montre bien que l'auteur de cette contribution ne prétend pas à l'objectivité et traite par le mépris les opposants au mormonisme.

À la fin de l'article, étaient mentionnés deux liens externes renvoyant à des sites d'opposants au mormonisme et quatorze à des sites mormons. L'un de ces quatorze sites explique que : « Les hommes n'aiment pas qu'on pense autrement qu'eux, c'est bien connu. Et s'il y a un domaine où cette intolérance est particulièrement aiguë, c'est bien celui de la religion. Dans le passé, on a massacré, torturé et brûlé ceux que l'on considérait comme hérétiques. [...] Une deuxième caractéristique des anti-mormons, c'est que la cause est entendue d'avance. Ils ne condamnent pas l'Église à la suite de leurs recherches, ils font des recherches pour condamner l'Église [1]. »

Wikipédia fournit donc une approche pour le moins biaisée de l'Église de Jésus-Christ des saints des derniers jours. « Évidemment, un contrôle s'exerce quand il y a de la propagande pronazi, mais cela ne suffit pas à garantir la neutralité du site ! regrette Alain

1. Voir www.lafeuilledolivier.com/Opposition/Antimormons.htm

Rey. Les intentions des contributeurs sont souvent soit publicitaires, soit propagandistes. » Certaines visées idéologiques s'expriment en effet discrètement, comme dans l'article consacré à Albert Londres, où un internaute a insidieusement ajouté, dès la première phrase, le mot « juif ». Albert Londres est ainsi d'emblée qualifié de « journaliste juif français », comme si cela constituait l'élément principal à connaître sur lui. La légitimité de cette modification serait douteuse même si l'information était exacte, mais il s'avère qu'Albert Londres était de naissance et d'éducation catholique ! Il n'avait rien de juif, malgré la rumeur malveillante d'une certaine presse, qui n'avait pas apprécié certains de ses reportages, ce qui est expliqué dans la biographie du célèbre journaliste citée en référence... comme source principale du billet de Wikipédia.

Pour Jean-Noël Lafargue[1], l'un des administrateurs du site Wikipédia francophone, « la duplicité de certains contributeurs » posera toujours problème pour les articles « qui touchent à la foi, à la religion, à la politique, au football... ».

Ainsi, face à l'écrit figé des encyclopédies de papier, Wikipédia offre un écrit modulable et adaptable à l'envi, mais qu'un simple passage-éclair d'un

1. Entretien avec les auteurs, le 26 avril 2007.

internaute aux volontés propagandistes suffit à détourner de son idéal d'objectivité.

Dans la nuit du mercredi 2 au jeudi 3 mai 2007, durant la campagne présidentielle, juste après la clôture du débat entre Ségolène Royal et Nicolas Sarkozy, un vent de folie a soufflé sur l'article de Wikipédia « EPR[1] », la notice consacrée au réacteur pressurisé européen. Une cinquantaine de modifications ont été apportées à l'article en l'espace de quelques heures. Des militants ou sympathisants UMP cherchaient à étayer l'idée qu'il s'agissait bien d'un réacteur de quatrième génération, et non de troisième, histoire de donner raison à Nicolas Sarkozy, qui venait de s'emmêler les pédales en direct.

À 22 h 34, le premier coup de feu est tiré. Un internaute modifie la phrase : « En Chine, Areva a participé, en proposant l'EPR, à un appel d'offres pour la construction de quatre réacteurs de génération III » et remplace ce dernier terme par « génération IV ». À 22 h 36, un veilleur de Wikipédia rétablit l'information initiale. Ensuite, toutes les deux ou trois minutes, voire plusieurs fois par minute, l'article est modifié, oscillant entre les deux générations. À 0 h 28, la première phase des confrontations se termine sur une victoire de la

1. Voir http://fr.wikipedia.org/wiki/Rédacteur_pressurisé_europeen

« génération III ». La trêve est cependant de courte durée, et les hostilités reprennent le lendemain.

Peu après cette joute en ligne, l'article sur l'EPR passait en catégorie « semi-protégée » sur Wikipédia, pour que ce genre d'épisodes ne puissent plus se reproduire. Seuls les utilisateurs inscrits depuis plus de quatre jours peuvent désormais le modifier.

Pour certains historiens, la confiance en la chose écrite se perpétue à travers l'expansion des supports en ligne, tandis que la fiabilité du contenu s'émousse. « À l'époque de l'*Encyclopédie*, on savait lire entre les lignes ! Aujourd'hui, on prend tout pour argent comptant », s'alarme l'un d'entre eux. Il explique que l'*Encyclopédie* de Diderot et d'Alembert était truffée d'allusions déguisées et d'une ironie que la plupart des lecteurs de l'époque savaient percevoir.

Ainsi, dans l'article « Arche de Noé », l'auteur, l'abbé Mallet, semble s'extasier devant cette formidable entreprise de Noé, mais seulement pour souligner que le récit de la Bible est complètement invraisemblable. À propos des recherches d'un certain Pelletier, de Rouen, sur la taille et la forme probables de l'arche, il écrit ainsi :

« Il ne suppose que trente-six étables pour les animaux de terre, et autant pour les oiseaux ; chaque étable pouvoit être de quinze coudées 4/9 de long, de dix-sept de large, et de huit de haut ; par conséquent elle avoit environ vingt-six piés et demi de long, plus de vingt-neuf de large, et plus de treize et demi de haut de notre mesure : car il faut se souvenir que M. le Pelletier donne à sa coudée vingt pouces et demi, ou environ, mesure de Paris. » La célébration du projet masque ici une ironie féroce. « Aujourd'hui, on ne sait plus lire à l'envers, commente le même érudit. Comme il n'y a plus de censure et qu'on a le droit de tout imprimer noir sur blanc, nous perdons cette capacité de décryptage. »

MICHEL SERRES : UN « WIKI-ENTHOUSIASTE » ISOLÉ

Parmi les philosophes français, Michel Serres aime faire figure d'exception, voire d'iconoclaste. Cet « immortel », membre de l'Académie française depuis 1990, enseigne aux États-Unis et affiche un solide optimisme quant aux développements des nouvelles technologies et à leurs conséquences sur les sociétés humaines.

Le 25 février 2007, Michel Serres consacre son intervention dans « Le sens de l'info », sur France-Info, à Wikipédia. Il y étonne les auditeurs par ses débordements d'enthousiasme, parlant d'un « système gagnant-gagnant » : dans Wikipédia, « la liberté a donné des résultats particulièrement bons [...]. Cela me donne confiance dans ce que peut produire un groupement humain. [...] C'est un vrai miracle d'autogestion, même s'il y a des vandales partout, mais ce que je trouve extraordinaire dans Wikipédia, c'est qu'elle est auto-organisée pour lutter contre les vandales [...]. L'honnêteté l'a emporté sur le vandalisme, ce qui est rare dans notre monde moderne ».

Pour illustrer le principe d'autocorrection de l'encyclopédie en ligne, Michel Serres évoque une erreur grotesque qu'un internaute avait introduite dans l'article consacré à saint Paul. Il avait écrit que l'apôtre vendait des glaces dans le New Jersey dans sa jeunesse. Une version bien éloignée de ce que nous enseignent les historiens sur les textes bibliques. D'après Michel Serres, cette modification au fort parfum potache aurait été effacée dans un délai très court.

Pourtant, cet exemple utilisé par le philosophe étaye-t-il de façon convaincante sa célébration de Wikipédia ? La teneur même de cette « erreur », ou plutôt de cet acte de vandalisme, sur saint Paul la rend inoffensive. En revanche, lorsque nous avons introduit, le 2 mai 2007 à 10 h 14, la discrète expression « de confession catholique » dans l'article consacré à Tony Blair, alors que l'ex-résident du 10 Downing Street est anglican, l'erreur est restée en ligne deux semaines. Le fait que l'épouse de Tony Blair soit catholique et que Tony lui-même aille souvent à la messe en sa compagnie peut induire en erreur un internaute non averti et même un administrateur de Wikipédia. Cela prouve indéniablement qu'une modification fallacieuse, discrète et à la marge, peut facilement passer inaperçue.

Quoi qu'il en soit, l'enthousiasme de Michel Serres porte essentiellement sur la philosophie sur laquelle se fonde Wikipédia. Son humanisme optimiste s'accommode très bien de l'idée d'une œuvre collective, que la participation de tous ferait tendre à toujours plus de perfection. En décembre 2005, lors d'une conférence à l'École polytechnique, il s'exprimait ainsi : « Les nouvelles technologies sont désormais les nouvelles facultés cognitives de l'homme : vous avez devant vous le cognitif de vos ancêtres en mieux, en quelque sorte externalisé, objectivé, soumis à une nouvelle histoire. » Le philosophe expliquait que lorsque l'homme perd une faculté, par exemple la faculté de porter son corps sur ses membres antérieurs, cela se fait toujours au profit du développement d'une nouvelle faculté, comme celle d'utiliser ses mains. Dans la perspective de l'évolution des encyclopédies, la faculté de classer et d'organiser le savoir en un ensemble cohérent serait remplacée par celle de construire collectivement une encyclopédie en perpétuelle adaptation à un monde mouvant.

La valorisation de la gratuité de la connaissance se trouve également au cœur de la prise de position de

Michel Serres. « J'ai consacré ma vie en grande partie à la connaissance parce qu'elle est gratuite », expliquait-il sur France-Info. En effet, pas de commune mesure entre la gratuité totale de Wikipédia et, par exemple, le dictionnaire de l'Académie française, auquel contribue Michel Serres, qui coûte environ 60 euros et n'est pas une encyclopédie mais un « simple » dictionnaire[1]. Autre exemple, américain cette fois, mis en avant par l'historien Roy Rosenzweig[2] : la qualité des biographies fournies par l'American National Biography Online (ANBO) est globalement supérieure à celle des biographies disponibles sur la Toile, mais seuls les étudiants des universités payant un abonnement coûteux à l'ANBO ont accès aux premières. Dès lors, comment peut-on déplorer le recours massif des internautes aux biographies de Wikipédia si l'accès à ce genre d'encyclopédies partiellement financées par des fonds publics n'est pas élargi ? Wikipédia a au moins l'avantage de concrétiser la philosophie de la gratuité et de l'accessibilité absolues.

Cet enthousiasme quasi monolithique de Michel Serres à l'égard de Wikipédia a peu d'équivalents parmi les intellectuels français, mais a suscité des réac-

1. Il faut cependant souligner que le dictionnaire de l'Académie française est consultable sur Internet depuis peu.
2. Voir son article « *Can History be Open Source ? Wikipédia and the Future of the Past* », http://chnm.gmv.edu/resources/essays/d/42

tions très positives parmi les internautes français fidèles à Wikipédia. Le rédacteur de « Framablog [1]», un blog consacré aux nouvelles technologies et aux logiciels libres, écrit par exemple : « L'enthousiasme communicatif de l'académicien Michel Serres lorsqu'il évoque l'encyclopédie libre Wikipédia fait vraiment plaisir à voir » ; selon lui, l'académicien « livre une chronique optimiste et humaniste, apportant en quelque sorte sa caution d'intellectuel à l'un des plus beaux projets collectifs de notre temps ». Nombre de « blogueurs » opposent le cri du cœur de Michel Serres aux prises de position taxées d'élitisme et de condescendance de la majorité des intellectuels, journalistes et « experts » en tout genre. Pourtant, il est simpliste d'opposer d'un côté les intellectuels et de l'autre les wikipédiens. Le conseil d'administration de Wikimédia France compte trois docteurs et deux doctorants sur huit membres, assurait l'un de ses membres.

Un sujet passionnel

Si Wikipédia suscite tant de passions, de rejets et d'enthousiasme, c'est que ce projet met en jeu des notions aussi centrales que celles de la démocratie de la connaissance, de l'expertise ou encore de la liberté.

1. Voir http://framablog.org/

Il vient aussi bousculer l'imaginaire de l'encyclopédiste en perruque et à plume d'oie qui sommeille plus ou moins en chacun de nous.

Louise Merzeau tient néanmoins à nuancer cette conception d'une lutte des Titans entre pro- et anti-Wikipédia dont l'encyclopédie des experts ou l'encyclopédie des citoyens devrait sortir vainqueur. « La mise en place d'un quelconque outil de diffusion du savoir ne peut en aucune manière représenter un risque en soi », insiste-t-elle. Et d'ajouter : « C'est cela le faux débat : si on fait de Wikipédia un outil monopolistique qui devrait incarner à lui seul le savoir de demain, c'est une catastrophe. Mais je ne vois pas pourquoi il en serait ainsi, sauf si tout le monde baisse les bras, et si les enseignants refusent en bloc cet outil, ou à l'inverse n'utilisent plus que celui-là. Au contraire, il faut apprendre à réinscrire tout ce qu'on peut trouver dans Wikipédia dans une histoire du savoir. »

Elle balaie d'un revers de la main la critique selon laquelle les articles de Wikipédia seraient majoritairement le fait de contributeurs masculins et occidentaux : « Le savoir classique, celui qui a en tout cas les faveurs de l'enseignement en France, est occidental et masculin ! Si on peut faire bouger cela, c'est bien par Internet. Franchement, c'est un procès d'intention fait à Wikipédia. Internet est l'un des lieux où l'on entend d'autres voix. » Quant à l'usage non pas hégémonique, mais massif de la langue anglaise dans Wikipédia, Florence Devouard insiste sur le fait que « la langue anglaise est la plus neutre de toutes, car les contributeurs anglophones proviennent de nombreux pays et pas seulement des États-Unis ».

Procès d'intention contre Wikipédia ou procès en impiété pour l'*Encyclopédie* de Diderot et d'Alembert, se lancer dans l'entreprise de rédaction d'une encyclopédie semble dans tous les cas nécessiter une pugnacité à toute épreuve, pour faire front aux critiques. En 1752, l'impression des deux premiers volumes de l'*Encyclopédie* fut interdite, ainsi que sa diffusion, pour cause de remise en cause des principes de la monarchie de droit divin. Sept ans plus tard, le pape Clément XIII la condamnait pour hérésie, entraînant son interdiction totale. Une mise à l'index attestée par une bulle papale intitulée, dans un latin presque transparent, une fois n'est pas coutume : « *Damnatio et prohibitio operis in plures tomos distributi, cujus est titulus : Encyclopédie*[1]. »

1. En français : « Condamnation et interdiction de l'œuvre en plusieurs volumes dont le titre est : l'Encyclopédie. »

7

Comment devenir « wiki-intelligent »

Qu'on le regrette ou qu'on s'en félicite, l'existence de Wikipédia est aujourd'hui une réalité incontournable. Toute opposition de principe tient du combat de Don Quichotte contre les moulins à vent. Wikipédia fournit une source d'information dont on ne peut interdire l'accès aux élèves et étudiants, à moins d'avoir une conception tyrannique de l'éducation et de contrôler tout accès à Internet.

Dès lors, pourquoi ne pas essayer de former les jeunes à un usage raisonné et raisonnable de Wikipédia ? Pour Laure Endrizzi, ingénieur documentaliste à l'Institut national de recherche pédagogique (INRP) et auteur d'un rapport sur Wikipédia, « il est évident qu'aujourd'hui il faut passer par Wikipédia pour apprendre à décrypter l'information [1] ». Wikipédia ne serait pas la panacée pédagogique en termes d'offre et de contenu que certains y voient,

1. Voir www.inrp.fr/vst/Dossiers/Wikipedia/sommaire.htm

mais plutôt un moyen d'aiguiser son esprit critique et d'apprendre à croiser ses sources.

La médiologue Louise Merzeau abonde dans le même sens lorsqu'elle affirme : « Le plus important est d'œuvrer pour rappeler ou apprendre aux gens que tout ce qu'on trouve sur Wikipédia doit être remis en perspective, replacé dans un système de pensée plus global. » Selon elle, Wikipédia pose le même problème que n'importe quelle encyclopédie, dans la mesure où elle offre un savoir fragmenté et factuel. « On ne se constitue pas un savoir par clics, par petits bouts, insiste-t-elle. L'encyclopédie, c'est la pensée en kit. Pour connaître un auteur, il faut le lire, pas lire un article d'encyclopédie sur lui. Il faut savoir se pencher dans des livres de A à Z. » Et si tout cela menait à une encyclopédisation du savoir ? Ce serait là le risque principal représenté par ce type d'outil qui fait rêver tout enfant, tout adolescent, ou même tout adulte, sujet aux crises de fainéantise.

Dans cette logique, le savoir devient un ensemble de données, de faits, et non une matière meuble, interprétable, que le lecteur doit s'approprier. Malgré l'illusion qu'en donnent les outils d'accès immédiat à des données biographiques ou historiques, on ne pourra jamais prétendre légitimement connaître Proust si l'on s'est contenté de lire l'article que lui consacre Wikipédia, ou même celui d'*Universalis*, mais seulement si l'on s'est immergé dans les méandres de la *Recherche du temps perdu*, ses centaines de pages, ses phrases à rallonge et sa poésie unique.

Ô TEMPS, SUSPENDS TON VOL !

Faire un usage intelligent de Wikipédia impliquerait donc de savoir distinguer deux types de temporalité : d'un côté, celui de la recherche d'informations factuelles immédiatement disponibles et de leur vérification par croisement des sources ; de l'autre, celui de l'approfondissement et de la constitution d'une réflexion personnelle, que l'éventuelle exhaustivité des encyclopédies ne peut en aucun cas pallier. « Il n'y a pas de fast-food du savoir, martèle Louise Merzeau. Le savoir demande du temps, de la réflexion, de la réécriture. » On retrouve ici une conception très socratique du savoir, où la démarche d'accès à la connaissance, ou à la vérité, pèse d'un poids plus lourd que la connaissance à laquelle on aboutit. Si la connaissance est un lent processus de mûrissement et de réflexion, la plus grosse erreur possible consiste à utiliser tout nouvel outil, à l'instar de Wikipédia, comme un prêt-à-penser.

« Pour les élèves, Wikipédia présente un aspect positif, dans la mesure où elle offre une masse d'informations qui n'a jamais été mise à disposition dans toute l'histoire de l'humanité, souligne Alain Rey. Mais le résultat n'est ni meilleur, ni pire qu'un index : l'indexation du savoir atteint un niveau inédit. » Les problèmes naissent à partir du moment où l'index géant vient supplanter tout autre support, ce qui se produit d'autant plus aisément que « Wikipédia, par rapport à l'*Encyclopédie*, présente le même inconvénient que la télévision par rapport au cinéma. On ne fait plus le choix d'entrer dans la salle : la télévision entre chez vous et s'impose dans votre vie ». Devant cette réalité indéniable de l'omniprésence de Wikipédia, seule une adaptation de l'enseignement et un accroissement de la formation à l'analyse de la pertinence des sources constituent une réponse adéquate et efficace, quoique de longue haleine.

Contribuez, vous êtes noté !

À l'université Paris-VIII, à Saint-Denis, un professeur a même décidé de faire passer Wikipédia du statut de cauchemar des enseignants à l'affût du plagiat à celui d'outil pédagogique à part entière.

Professeur d'arts plastiques, Jean-Noël Lafargue affirme avoir toujours été passionné par la transmission du savoir et être un véritable collectionneur de dictionnaires, encyclopédies et ouvrages de référence. Aujourd'hui, il est administrateur de Wikipédia en français. Mais, surtout, il y a trois ans, il a décidé de noter ses étudiants sur des contributions écrites pour la cyber-encyclopédie. Le principe est simple, mais non moins révolutionnaire : les étudiants qui s'inscrivent à son séminaire « Enrichissement de l'encyclopédie Wikipédia » disposent de quinze jours pour enrichir le site en articles concernant l'art contemporain et corriger ou compléter des articles existants.

Un article intitulé « projet P8 » a même été créé sur Wikipédia. Il résume ainsi l'initiative : « Ce projet "P8" correspond à un *workshop* organisé dans le cadre du département d'arts plastiques à l'université de Paris-VIII. Les étudiants sont invités à compléter l'encyclopédie Wikipédia dans les domaines de l'art contemporain (notamment "numérique"), du *design*, de l'architecture, de l'histoire de l'art, du cinéma, etc. » Suit une liste de quarante-six étudiants y ayant participé, à une échelle plus ou moins importante. À la suite de quelques noms figure l'annotation « contributions introuvables : ont-elles été faites sous un autre nom ? ». Mais la majorité des étudiants semblent s'être prêtés à l'exercice.

« Il reste des multitudes d'articles à écrire sur l'art contemporain, souligne Christophe Duflot [1], peintre et ancien étudiant de Jean-Noël Lafargue. Pour ce cours, j'ai consacré des articles à des artistes relativement peu connus en France, comme Swetlana Heger, la Japonaise Tabaimo et Zoé Mendelson. J'ai aussi créé une page sur un tableau du Caravage, en catégorie "Histoire de l'Art", et des contributions sur le cinéma, la bande dessinée. » Malgré les millions d'articles existants, trouver un artiste ou une œuvre ne disposant pas encore de son entrée sur Wikipédia ne relève en effet pas de la mission impossible. Beaucoup d'étudiants ont choisi d'ajouter des contributions sur des auteurs de mangas, des réalisateurs de films ou encore des séries télévisées, alliant ainsi passion et travail universitaire. Un certain Mohammed a par exemple choisi de créer un article sur Martin Fréminet, « peintre et dessinateur français de la Renaissance » et auteur du dessin *Les Noces de Cana*, conservé au musée du Louvre.

Christophe Duflot ne regrette nullement sa participation à ce cours, bien au contraire. Pour lui, écrire dans Wikipédia exige un sens des responsabilités, une maturité, que tous les étudiants ont inté-

1. Entretien avec les auteurs, le 30 avril 2007.

rêt à acquérir. « C'est valorisant pour les étudiants de passer de l'autre côté de la barrière en écrivant pour être lus, notamment pour les étudiants qui veulent travailler plus tard dans la médiation, les galeries. Il est aussi très motivant d'ajouter sa pierre à une encyclopédie vivante. »

Cette analyse répond aux objectifs fixés par Jean-Noël Lafargue. « L'idée de lancer un "atelier Wikipédia" m'a semblé évidente, notamment parce que le niveau des textes que produisaient les étudiants en arts plastiques – titulaires, pourtant, de bacs littéraires pour la plupart – me désespérait. Avec Wikipédia, le rédacteur est forcé par la communauté d'écrire de manière claire et précise, de justifier les informations qu'il diffuse par des références, elles aussi précises. Il est forcé de respecter la neutralité de point de vue, typique de ce projet. Cela implique, pour mes étudiants, de ne pas se laisser aller à une écriture "inspirée" et autosatisfaite, de ne pas confondre les faits, leur interprétation, les vagues souvenirs, les rumeurs ou les réputations », explique-t-il.

Un étudiant qui écrit pour Wikipédia sait en effet que son travail ne passera pas seulement sous les yeux d'un unique professeur plus ou moins concentré et plus ou moins blasé par la correction de montagnes de copies, mais sera immédiatement accessible, en théorie, à tous les francophones du monde disposant d'un accès à Internet. Cela l'incite donc, selon Jean-Noël Lafargue, à « chercher des sources sérieuses et à toujours se mettre à la place de ses lecteurs, qui attendent d'une encyclopédie un contenu informatif et structuré ».

S'obliger à canaliser son lyrisme et sa passion pour tel ou tel artiste, voilà une contrainte à laquelle Christophe Duflot s'est soumis, non sans se faire un peu violence. « Wikipédia implique une façon très dépassionnée d'écrire. Il y a une forte exigence de neutralité, raconte-t-il. Mais, dans le domaine de l'art, c'est impossible de mettre en ligne une notice parfaite d'une œuvre. C'est un domaine éminemment subjectif, mais on peut donner des clés, les axes emblématiques des œuvres. »

Et, justement, sur le forum où les contributeurs de Wikipédia discutent et mettent en commun leurs idées pour améliorer la grande machine encyclopédique, certains soulignent que Wikipédia n'est pas *Rock and Folk*. En d'autres termes, ils appellent les contributeurs écrivant sur des musiciens ou des réalisateurs qu'ils adulent ou détestent à ne pas confondre style encyclopédique et envolées lyriques ou jugements personnels. Si vous voulez jouer les journalistes critiques, passez votre chemin, ou créez un blog, mais n'inondez pas Wikipédia de votre verve digne de *Télérama* ou de *Technikart* !

Par ailleurs, Jean-Noël Lafargue avait constaté que les articles de Wikipédia portant sur l'art contemporain n'étaient pas toujours de niveau académique. Son séminaire a par conséquent également permis d'élargir et d'améliorer la base de données sur sa discipline offerte par Wikipédia. Une base de données que de futurs étudiants de Paris-VIII et d'autres universités ne manqueront pas d'utiliser.

L'historien américain Roy Rosenzweig trouverait sans doute cette évolution positive. Il écrit en effet que, « si les historiens de métier considèrent que les contenus utilisés par leurs étudiants sont de mauvaise qualité, alors ils devraient donner de leur temps pour étoffer ces articles [...]. C'est l'ensemble de la vulgarisation historique qui en bénéficierait [1] ».

Autre objectif atteint, au moins partiellement, par le séminaire de Jean-Noël Lafargue : il semble avoir donné le goût de la « wiki-contribution » à certains étudiants, qui portent désormais un regard plus affûté, plus averti, sur ce qu'ils lisent. Une évolution dont ne peut que se réjouir la médiologue Louise Merzeau. « Recopier Wikipédia, c'est non

1. Citation extraite de la synthèse de l'article rédigée par Daniel Letouzey, parue dans la revue *Historiens & Géographes*, n° 396-397, oct.-déc. 2006. Voir http://clioweb. free.fr/debats/wikirr2.htm

seulement absurde, mais même contraire à l'esprit de Wikipédia, qui parie sur le fait de faire confiance à une lecture active, je n'ose pas dire critique, mais qui ne se contente pas d'ingurgiter des données, souligne-t-elle. Le meilleur moyen d'apprendre cette lecture critique est d'aller voir des sujets qu'on connaît bien pour mesurer la distance à prendre. » Selon Jean-Noël Lafargue, on prend alors conscience du fait que Wikipédia n'est pas « un gros livre mis sur Internet, mais bien un processus organique », perfectible, évolutif.

La démarche de Jean-Noël Lafargue n'a pas suscité de levée de boucliers de la part du monde enseignant : « Le projet P8 n'a pas été critiqué. On aurait pu lui reprocher de détourner l'encyclopédie – qui devient un instrument expérimental de pédagogie –, mais personne ne l'a fait », note l'universitaire. Il aimerait maintenant voir ce projet pédagogique étendu à d'autres disciplines que la sienne et est récemment intervenu à ce sujet à l'École supérieure d'arts de Saint-Étienne, devant les étudiants du designer Michel Philippon. « Ils ont pour projet de monter leur propre site de référence consacré au design, une sorte de Wikipédia thématique, tenant autant de la revue que de l'encyclopédie. Connaissant l'autonomie intellectuelle et le dynamisme des étudiants d'écoles supérieures d'art, je ne doute pas que le résultat sera à la hauteur, malgré la timidité de certains étudiants en art face à l'écriture », s'enthousiasme-t-il par avance.

Tout usage intelligent de Wikipédia passe donc nécessairement par l'intégration de cet outil dans un processus pédagogique. « On peut imaginer que le gouvernement français utilise Wikipédia et en fasse une version améliorée par des professeurs et la distribue aux élèves. On a régulièrement des gens qui nous parlent d'un "Wikipédia Éducation". Je trouverais assez sympa que ce soit fait. Si les écoles envisageaient une version pour les enfants, super ! » envisage Florence Devouard. Elle incite d'ailleurs ses trois enfants à avoir recours à Wikipédia de façon raisonnée dans le cadre de recherches scolaires. « Je leur parle de l'importance de citer leurs sources et du problème de plagiat », insiste-t-elle.

Un Wikipédia figé ?

La création d'un « Wikipédia Éducation » impliquerait la mise en place d'un système Wikipédia à deux vitesses, avec une version stabilisée, relue et validée par des experts, et une autre qui continuerait à fluctuer, à s'étendre, à s'auto-corriger et à subir des actes de vandalisme. Cela poserait d'une manière plus aiguë encore la question de la concurrence entre Wikipédia et les encyclopédies de papier.

Offrir une version figée, en quelque sorte définitive, d'une encyclopédie écrite de façon collaborative, c'est d'ailleurs le projet de « Citizendium »[1], qui se donne pour ambitieux objectif d'offrir « une meilleure encyclopédie gratuite » au monde. Le projet se fonde ainsi sur une critique frontale des carences de Wikipédia en termes de fiabilité. Créé par Larry Sanger, rappelons-le, l'un des fondateurs de Wikipédia, Citizendium fonctionne selon un principe de validation des articles par un panel d'environ 1 000 experts à la compétence dans un domaine précis indéniable, et souvent au parcours universitaire solide. Une fois qu'un article a reçu leurs corrections ou leur bénédiction, il ne peut plus être modifié.

Pourtant, la validation par des experts n'est pas le seul remède envisageable au vandalisme et aux erreurs. Pour fournir aux élèves et étudiants un indicateur de fiabilité des contributions, « on peut aussi imaginer un vote sur la qualité d'un article, avec un poids du vote qui dépend du domaine d'expertise de chacun par rapport au domaine de l'article. Par exemple, la voix d'un botaniste comp-

1. Voir www.citizendium.org

terait plus que celle d'un historien pour un article sur la botanique », explique Florence Devouard.

Cette seconde solution semble plus conforme à l'esprit qui anime Wikipédia depuis l'origine, dans la mesure où il garde intact son dynamisme, son adaptabilité et sa confiance dans les vertus de la liberté de contribution. Pour Jean-Noël Lafargue, « Wikipédia est pédagogique de par ses imperfections mêmes, qui permettent de former les étudiants à l'utilisation critique des sources ». Et d'ajouter : « Tous les élèves devraient être formés à l'utilisation critique des sources – et pas seulement les sources accessibles sur le réseau. » Figer Wikipédia sous une forme validée par des experts lui ferait donc perdre son caractère exemplaire en termes de nécessité de recoupement des sources. L'outil ne pourrait plus être utilisé – si tant est qu'il le soit, même à petite échelle – comme un moyen d'aiguiser l'esprit critique des élèves.

« Diderot enseignait l'esprit critique à ses lecteurs. Il voulait changer leur façon de penser », rappelle un historien. Là où les encyclopédistes du XVIIIe siècle enseignaient l'esprit critique à l'égard du pouvoir en place ou des enseignements de la religion, Wikipédia pourrait être utilisée comme moyen d'enseigner l'esprit critique à l'égard des encyclopédies elles-mêmes, qu'elles soient virtuelles ou « palpables ». Cela devrait être d'autant plus le cas dans un pays comme la France, où le système scolaire est connu pour « accorder la plus grande importance au jugement », souligne le philosophe québécois Jacques Dufresne[1]. Il conviendrait donc d'expliquer aux élèves que le calcul – comme les algorithmes de Google – ne peut se substituer au jugement dans la hiérarchisation de l'information par pertinence, mais que le jugement doit au contraire soutenir les procédés mécaniques. Le simple fait d'utiliser plusieurs mots-clés sur un moteur de recherche et de ne pas cliquer systématiquement sur le premier lien de la liste implique déjà un apprentissage.

La nécessité d'une lecture critique des encyclopédies n'est toutefois pas une nouveauté, car elles ont toujours reflété les préjugés propres à leur époque. « Les rapports sont frappants et nombreux entre nègres et orangs-outangs. [...] C'est en vain que quelques philanthropes ont essayé de prouver que l'espèce nègre est aussi intelligente que l'espèce blanche[2] », pouvait-on ainsi lire si l'on ouvrait à l'article « nègre » le *Grand Dictionnaire universel* de Pierre Larousse, publié en 1874.

1. Lors de la présentation publique d'Agora, le 23 mai 2007.
2. Citation extraite du livre de Pierre Larousse *Nègre, négrier, traite des nègres*, préfacé par Françoise Vergès, Bleu autour, 2007.

Néanmoins, si la question de la sensibilisation à la nécessité d'une vigilance critique des élèves n'est pas une nouveauté, elle se trouve posée aujourd'hui avec une intensité inédite. Internet apporte avant tout une modification brutale de la quantité d'informations disponibles pour tous, et c'est bien là que se trouve la révolution. Une révolution qui doit se répercuter dans l'enseignement, en termes de formation à l'usage intelligent des outils d'accès à la connaissance. « S'il y a une cause à défendre auprès des jeunes, c'est que l'utilisation d'un outil n'exclut pas l'autre, insiste Louise Merzeau. On peut lire à la fois les œuvres poétiques d'Aragon dans la Pléiade et des articles de Wikipédia. » En adoptant un rythme et un état d'esprit différents pour chaque support.

Le « wiki-professeur » Jean-Noël Lafargue envisage pour sa part une solution plus radicale : « Le remède à tous ces problèmes, pour moi, c'est précisément de contribuer à Wikipédia. Si j'étais un tyran, j'interdirais à quiconque de consulter Wikipédia sans y participer, pour une double raison : la pratique active de Wikipédia apprend à se documenter d'une part, et elle apprend à se méfier de ce qu'on lit dans Wikipédia d'autre part. » Dans cette logique, la contribution à Wikipédia pourrait devenir un exercice classique des salles de classe et des campus universitaires, au même titre que la dissertation ou l'exposé.

Mais il faudra sans doute attendre pour cela une nouvelle génération de professeurs, eux-mêmes mieux formés à la réflexion critique sur les outils issus des nouvelles technologies de l'information.

Table des matières

Photocomposition Nord Compo
Villeneuve d'Ascq

« Pour l'éditeur, le principe est d'utiliser des papiers composés de fibres naturelles, renouvelables, recyclables et fabriquées à partir de bois issus de forêts qui adoptent un système d'aménagement durable. En outre, l'éditeur attend de ses fournisseurs de papier qu'ils s'inscrivent dans une démarche de certification environnementale reconnue. »

Achevé d'imprimer en octobre 2007
par Liberduplex (Barcelone, Espagne)

49.3401.01.4
N° édition : 94155